# Rios de Oração

# Rios de Oração

PRECES DE LUIZ SÉRGIO

PSICOGRAFIA: IRENE PACHECO MACHADO

1.ª Edição

RECANTO

Brasília, 2006

Esta edição: do 1.° ao 10.° milheiro

Sérgio, Luiz (Espírito).
Rios de Oração / Preces de Luiz Sérgio ; psicografia: Irene Pacheco Machado. — 1. ed. — Brasília : Recanto, 2006.
176 p. ; 21 cm.

ISBN 85-86475-51-3

1. Espiritismo. 2. Obras psicografadas I. Machado, Irene Pacheco. II. Título.

ISBN 85-86475-51-3

Capa: Mauricio Maia Soutinho

1.ª edição: 2006

# Sumário

# Mensagem ao Leitor

Em muitos livros por nós escritos pedimos socorro aos nossos leitores e sempre advertimos: *nuvens negras se aproximam*. Infelizmente, até os ditos espíritas riem das nossas advertências, pois julgam que de nada entendemos; que, ao falar dos problemas da juventude, estamos exagerando. A triste realidade, porém, aí está e para surpresa nossa muitos espíritas dizem que a juventude não está sendo ameaçada. Está bem, que fiquem com a sua prepotência. Nós vamos percorrendo o caminho estreito, guiados por Jesus, mas eles não querem mudar, a transformação que a Espiritualidade Superior pede significa uma mudança muito radical em suas rotinas, o que não seria fácil.

A Humanidade lutou muito para conquistar o grau de conforto de que desfruta e as pessoas não desejam abrir mão facilmente disso, mas novamente dizemos: se a família não voltar a se tornar uma família de Deus, seus filhos serão motivo de escândalo, e vemos que até a Natureza está dando uma boa sacudida, um susto. Ela está dizendo bem claramente que, ou mudamos nossa conduta, ou feneceremos todos. Muitos estudos já anunciam uma reação enérgica da Natureza contra as agressões que vem sofrendo, ela não está suportando as toxinas das mentes materialistas que estão sendo jogadas sobre ela. A Natureza não se vinga, reage.

Atendendo ao pedido de milhares de leitores, resolvemos reunir as preces constantes de todos os nossos livros em um só volume, facilitando sua consulta, e assim surgiu este *Rios de Oração*, um lamento de preces, compiladas de todas as nossas obras anteriores, pois o homem está precisando orar para ser feliz. Vamos levar a oração aos lares, vamos voltar a ensinar as crianças a orar. Chega de materialismo, de ignorar os valores morais. A família está morrendo, vamos levar o remédio da prece para que nossas crianças e nossos jovens respeitem a Natureza e lutem por ela. Não é preciso fazer muito, basta não poluir o mundo com maus pensamentos. Vamos orar. Beijos do

Luiz Sérgio

# 01

## Preces de glorificação a Deus

"A prece do cristão, do *espírita,* seja qual for o seu culto, deve ele dizê-la logo que o Espírito haja retomado o jugo da carne; deve elevar-se aos pés da Majestade Divina com humildade, com profundeza, num ímpeto de reconhecimento por todos os benefícios recebidos até àquele dia. (...)Deve ser profunda, porquanto é a vossa alma que tem de elevar-se para o Criador, de transfigurar-se, como Jesus no Tabor, a fim de lá chegar nívea e radiosa de esperança e de amor."

*O Evangelho Segundo o Espiritismo*,
Cap. XXVII

“Senhor, Pai de imensa bondade, Deus de todo o Universo, encontramo-nos aqui diante da realidade, cientes do Vosso poder e da grandiosidade da Vossa obra — a Criação, da qual somos partículas, lutando para alcançar a pureza.

Sabemos, Senhor, que nossas faltas são muitas, mas também sabemos que nos destes Jesus para nos ensinar a maneira certa de chegar junto a Vós.

Pai, como filhos que somos, criados pela Vossa vontade, sabemos que nunca estamos desamparados, mesmo errados e injustos.

Procurando encontrar-Vos, algumas vezes nos distanciamos da Vossa lei de amor, filiados a seitas ou correntes religiosas que só aceitam por irmãos aqueles que oram da sua maneira, quando Vós, Senhor, sois uno e perfeito, Amigo de todos nós.

Quando atolados em pântanos de mentira e ódio, oferecei-nos as portas do céu, permitindo que emissários sagrados venham auxiliar-nos, dando-nos as mãos.

E ainda assim, Senhor, muitos Vos têm como um Espírito vingativo e cruel que desprezou o próprio filho Jesus, deixando-O perecer em uma cruz. Não procuram saber se este exemplo de coragem foi-nos deixado como remédio para termos a certeza de que a força está em cada um de nós; que tudo podemos agüentar, se o nosso Espírito encontrar-se ligado ao Senhor, Deus.

Estamos aqui, Espíritos que muito mal já causamos renegando-Vos, mas hoje, Pai, já vislumbramos a luz trazida pela estrela do amor e da humildade do Filho Querido, o Irmão Nosso de todas as horas — Jesus, companheiro dos que sofrem. Ele, Pai, segurando nossa mão, mostrou a Vossa Bondade e o Vosso Amor por todos nós.

Ontem, Senhor, não Vos conhecíamos. Hoje, damos graças por ter-Vos como Pai Amigo, Criador e Disciplinador de todos os universos. Obrigado, Deus, Nosso Pai Querido."

(*Na Esperança de Uma Nova Vida*, Cap. XXXII)

"Obrigado, Pai, por nos terdes criado simples e ignorantes.

Obrigado, Pai, por terdes colocado o mais puro Espírito, que é Jesus, à nossa frente, indicando-nos o caminho.

Obrigado, Pai, por terdes colocado o carinho e o afeto de Maria junto a cada lar, como o grande símbolo de coragem e amor.

Obrigado, Pai, pelas horas de trabalho a nós ofertadas, não permitindo que ficássemos parados.

Obrigado, Pai, pela bondade com que nos cercais, dando-nos a certeza do Vosso amor para com todos nós.

Obrigado, Pai, pelo caminho de lutas, que dá a cada Espírito a oportunidade de atingir a perfeição.

Obrigado, Pai, pelo perdão das nossas ofensas, esquecendo-as com o fruto sagrado da reencarnação.

Obrigado, Pai, pelas horas felizes ao lado de Jesus, quando, olvidando-nos, encontramos o bálsamo na grande fonte da caridade.

Obrigado, Pai, pelos irmãos nossos que, ainda na carne, lutam para cumprir a tarefa do bem-viver e também pelos outros que na vida espiritual lutam para voltar à carne.

Obrigado, Pai, pelo coração que ama, que sente saudade e chora de felicidade por ter um dia voltado e só ter encontrado amigos.

Obrigado, Pai."

(*Ninguém está Sozinho*, Cap. XX)

"Graças e mais graças Vos rendemos, Força Eterna da Criação; o germe que fecundou em qualquer planeta tem sobre ele a Vossa Magnitude e força de bondade.

Pai de tudo e de todos, aqui estamos ligados a Vós para agradecer a nossa mente livre como os ventos, e pura, neste instante, como a brisa da Vossa bondade. Encontramo-Vos e damos graças por tudo o que de Vós temos recebido.

Senhor, agradecidos, desligamo-nos de Vossa Usina Geradora. Como pequenos fios de energia, ligados seremos a outras partes, mas, recebendo, de Vossa parte, proteção sempre. Obrigado, Senhor do Universo."

(*Os Miosótis Voltam a Florir*, Cap. VIII)

"Graças Vos rendemos, Senhor, por existirdes, oferecendo-nos proteção e amor.

Desejo, neste instante, abraçar-Vos como filho que sou da Vossa vontade.

Pai amado, dobro o meu Espírito, reverenciando a Vossa bondade por perdoardes os meus erros e me ofertardes a mão amiga de Jesus, que me ampara e me protege, para que eu siga firme a estrada que nos leva aos Vossos braços fortes e amigos.

Obrigado, meu Deus, porque eu existo e, junto a outras consciências, continuo operando para a paz e o amor daqueles que sofrem.

Choro sim, Pai, mas de emoção, por conhecer-Vos hoje como bondade e força aos mais fracos. Sinto-Vos junto a mim, como Vos sinto junto a todos os Vossos filhos. Fazei de mim uma obra pequena e progressiva, mas não me deixeis perdido nas estradas das ilusões e do medo. Sou Vosso, pertenço-Vos, Pai amado."

(*O Vôo Mais Alto*, Cap. III)

“Senhor, que sois bondade infinita, agradecidos, juntamo-nos numa só voz de louvor. Sois a luz das nossas caminhadas, o amparo dos nossos pés, a estrela que nos guia, o remédio das nossas dores, o perfume que nos dá esperança. Sois, Senhor, o mais belo horizonte que se descortina à nossa frente quando, cansados e famintos de amor, prostramo-nos a Vos pedir ajuda.

Pai amado, onipresente em cada ser, despertai em nós, para que outros sejam beneficiados, mas antes de qualquer mérito nosso, seja feita a Vossa vontade na Terra e no Mundo Espiritual.

Senhor, somente Vós sois capaz de perdoar as fraquezas que acumulamos em nossos Espíritos. Bendito sejais, Senhor.”

(*O Vôo Mais Alto*, Cap. XVII)

“Deus, Pai amado, eu Te amo na dor e na alegria! Força de amor que embala meus sonhos, eu Te amo, Deus, porque, como meu Criador, nunca me decepcionaste. Sempre foste a luz da minha vida.

Eu Te amo, meu Deus, porque és o grande amigo de Teus filhos.

Pai amado, sinto Tua presença na árvore que abraço, na tenra hera que me beija os pés. Eu Te sinto ao meu lado, no perfume dos jasmins que, junto ao verde, formam um harmonioso quadro; nas cascatas de águas cristalinas que ao tocar o chão cantam uma cantiga de louvor a Ti. Eu Te encontro em toda parte: no sol que me aquece, nas estrelas do céu, na lua serena que nos convida a sonhar!

Como Te amo, meu Deus, ao sentir o solo firme deste mundo onde estou e que muitos encarnados julgam não existir! Como Te amo, meu Deus, por tudo: pela brisa refrescante, pelas florestas sombrias, pelo cantar dos pássaros, pelo perfume das flores, por isso e, mais ainda, pela vida. Eu vivo, meu Deus, porque sou Teu filho. Ao caminhar pelos vales da morte sinto igualmente a vida que emana de Ti.

Pai amado, eu Te amo!”

(*Cascata de Luz*, Cap. XXVII)

02

# Preces para adquirir forças

"Deus consola os humildes e dá força aos aflitos que lha pedem. Seu poder cobre a Terra e, por toda a parte, junto de cada lágrima colocou ele um bálsamo que consola.(...)"

*O Evangelho Segundo o Espiritismo*, Cap. VI

“Pai, bondoso e amigo, aqui nos encontramos nas estradas pedregosas dos vales do sofrimento. Cientes do mundo em que vivemos, graças Vos damos pela bondade infinda da nossa criação.

Quantas vezes, Senhor, reincidimos em erros e nos afastamos de Vós, mas sabemos que sempre estivestes ao nosso lado, esperançoso da nossa transformação!

Hoje, Senhor, não podemos alegar desconhecer-Vos. Vivendo como Espíritos livres, a Vossa presença amiga nos confirma o Vosso amor, principalmente quando nos defrontamos com irmãos endurecidos pelo ódio, sendo reconduzidos ao tratamento amigo e protetor.

Pai, a Vossos pés, nós, Espíritos caminheiros da Vossa estrada, temos tão pouco a pedir. Nossos corações gritam bem alto: Senhor, como Vos agradecemos por nos terdes criado, dando-nos ainda o direito da escolha! Se escolhemos mal, Pai amado, pedimos perdão, sabendo que novas oportunidades, mesmo assim, nos surgirão nos exemplos vivos de bondade dos Espíritos iluminados — os Vossos Mensageiros do Amor.

Pai, aceitai-nos, mesmo repletos de imperfeições. De Vós precisamos para haurir forças na difícil estrada do reino divino, que em cada Espírito palpita, no chamado incessante das Vossas leis. Bendito sejais, Senhor!”

(*Os Miosótis Voltam a Florir*, Cap. X)

“Pai, eu Vos amo porque sei que sois bom. Dai-me, Senhor, coragem para oferecer ao meu próximo tudo o que de Vós recebo. Amparai-me neste instante em que preciso, e muito, ter o coração repleto de amor e paz. Senhor, se preciso for, fazei-me um instrumento Vosso. Diante de tamanha dor, que eu possa aliviá-la, bem ligado a Vós, Pai amado.”

(*O Vôo Mais Alto*, Cap. XIII)

“Senhor, ao contemplar o homem caído diante de sua própria fraqueza, sentimo-nos amparados por Vós e imploramos que nossos passos jamais resvalem por medo, para que possamos sempre servir em Vosso nome.

Meu Deus, ao encontrar-Vos, genuflexos nos colocamos à frente de cada irmão para auxiliá-los, porque sabemos que não desamparais os Vossos filhos, principalmente aqueles que lutam para atingir a plenitude da vida.

Amamo-Vos, Senhor, e graças Vos damos por nos terdes criado.”

(*Mãos Estendidas*, Cap. XII)

# 03

## Preces para adquirir humildade

"(...)Em todas as circunstâncias, Jesus põe a humildade na categoria das virtudes que aproximam de Deus e o orgulho entre os vícios que dele afastam a criatura, e isso por uma razão muito natural: a de ser a humildade um ato de submissão a Deus, ao passo que o orgulho é a revolta contra ele.(...)"

*O Evangelho Segundo o Espiritismo*, Cap. VII

"Obrigado, meu Deus, por ter-me encaminhado até aqui, e faze com que eu esqueça os meus desejos, para procurar corresponder aos anseios dos meus irmãos, antes aprovados por Ti, de acordo com o merecimento de cada um.

Cobre-me com Teu manto de paz e faze o meu coração humilde e manso, para poder refletir a luz que transmites a todos os que Te chamam para socorrê-los.

Ajuda-me, Senhor, a amar sempre, mesmo quando o Amor me peça sacrifícios por demais pesados. Ajuda-me, Senhor, ajuda-me e ampara-me, hoje e sempre."

(*Na Esperança de Uma Nova Vida*, Cap. VII)

"Ajuda-nos, Senhor, a ser sempre os mais humildes de todos os Teus servos. Não nos deixes, Senhor, cair nas garras perversas das nossas fraquezas. Faça-se a Tua vontade e nunca a nossa, porque imperfeitos ainda somos, não sabendo diferenciar ainda o certo do errado. Entretanto, já temos consciência de que Tu és o nosso caminho, a nossa vida eterna.

Ajuda-nos, Jesus, a percorrer os caminhos difíceis, pois temos a certeza de que alcançaremos o caminho certo no momento em que fizermos dos bons atos a trajetória humilde, na prática dos ensinamentos evangélicos.

Jesus, a obra iniciada há muitos séculos é Tua, somos apenas os irmãos que lutam para ajudá-Lo nesta bela e santa obra de Deus — a união fraterna."

(*Na Esperança de Uma Nova Vida*, Cap. XXVI)

"Suplico-Vos, Jesus, dai-me a repreensão, cada vez que eu procurar elevar-me acima das outras criaturas, porque tenho conhecimento de que Deus nos ofertou a glória da eternidade, e queremos, por isso, trabalhar sempre pela felicidade de todas as criaturas.

Conheceis, Jesus amigo, minha fraqueza. A cada manhã, tomo a resolução de praticar a humildade, e à noite reconheço que cometi várias faltas por orgulho. Quero, Jesus, fundamentar minhas esperanças em Vós somente, porquanto sois o Filho de Deus. Fazei, Senhor, nascer no meu Espírito as pequenas virtudes, uma das mais importantes: a Caridade. Para obter essa graça da Vossa misericórdia, repito muitas vezes: Jesus, manso Cordeiro de Deus, fazei o meu coração semelhante ao Vosso e dai-me coragem para prosseguir sem mágoas, sempre fiel à tarefa que me for concedida.

Senhor, Amigo e Mestre, lembrei-me das palavras que proferistes, quando Vos inclinastes para lavar os pés dos Vossos apóstolos, ensinando a todos a praticar a humildade (*João*, Capítulo XIII, v. 15): *Dei-vos o exemplo, para que façais como eu fiz. O discípulo não é maior do que o Mestre. Se cumprirdes estas coisas, sereis felizes pondo-as em prática*. Ajudai-me, quero colocá-las em prática, com o Vosso auxílio. Obrigado, Senhor."

(*Ensina-me a Falar de Amor*, Cap. XX)

"Amigo e Mestre, tenha piedade de nós, pois às vezes nos sentimos um grão de areia sem valor algum. Mas quando O buscamos, sentimo-nos um próton, e cheios de esperança colocamos os nossos pés nas Suas pegadas e continuamos caminhando.

Bom Jesus, amigo querido, guarde-nos no Seu manto de luz, que é o céu estrelado, e quando o buraco negro da vaidade humana desejar nos sugar, proteja-nos, Senhor, hoje e sempre."

(*Ensina-me a Falar de Amor*, Cap. XXII)

04

# PRECES PARA ADQUIRIR PERFEIÇÃO

"(...)Jesus, depois de haver dado a seus discípulos as regras da caridade, no que tem de mais sublime, lhes disse: *Sede perfeitos, como perfeito é vosso Pai celestial*."

*O Evangelho Segundo o Espiritismo*, Cap. XVII

“Arquiteto da vida, contemplando uma das Suas obras — este riacho amigo — podemos sentir o Seu amor por todos nós e assim, amorosamente velados, crescemos em amor e agradecimento e Lhe pedimos que estas águas possam não só nos aliviar a sede como também nos lavar o Espírito do lodo das nossas imperfeições.

Pai amado, um ser pecador Lhe pede perdão e força para continuar a tarefa da vida junto àqueles que só desejam a morte. Seja para nós a mão estendida, a força do nosso caminho, a luz de amor, o amparo eterno.

Assim seja.”

(*Mãos Estendidas*, Cap. XIX)

“Pai amado, sê bendito, Senhor, porque criaste todas as Tuas criaturas, concedendo-lhes o poder do conhecimento. Abriste o cofre da sabedoria e entregaste a cada um dos Teus filhos a chave. Perdoa-nos, se ainda não a usamos, se ainda nossos pés resvalam no lodo das nossas iniqüidades.

Dá-nos, Senhor, a coragem, a perseverança para andar em Tua direção, mesmo lutando contra as adversidades. Não nos deixes cair nas estradas da tentação. Dá-nos a proteção de Pai para que nossos Espíritos possam galgar o monte da consciência tranqüila. Se por acaso a vaidade cegar-nos, faze, Senhor, com que a luz do Teu coração retire este argueiro cruel que aprisiona e destrói o ser.

Deus de infinita sabedoria e bondade, dá-nos a serenidade, o amor e a fé; que cada um de nós possa adquirir o poder da humildade para decolar em Tua direção, levando na bagagem os ensinamentos do Teu Filho muito amado, Jesus Cristo.

Sabemos que nos aguardas e que, como bom Pai que és, preparas para todos nós um banquete repleto de bênçãos. Esperamos estar bem vestidos, dignos das Tuas mãos abençoadas. Simples e ignorantes não poderemos mais ser, mas esperamos estar cobertos com a luz da reforma íntima, para que no momento em que nos fitares sintas em nós um novo ser, como sempre desejaste.

Pai, faze de cada um dos Teus filhos uma estrela, pequenina que seja, mas cujo brilho enfeite o Reino de amor e paz que criaste para todos os seres, filhos do Teu coração. Nós Te amamos, Senhor."

(*Deixe-me Viver*, Cap. XXIII)

"Mestre querido, ajude-me a buscá-Lo na alegria e na dor. Como Irmão mais velho, não me deixe cair pelas estradas da vida, por fraqueza ou preguiça. Segure minhas mãos e me conduza pelos prados verdejantes do jardim do Pai. Querido Mestre, tire dos meus olhos a venda da imperfeição e faça de mim um instrumento do Senhor. Assim seja."

(*Dois Mundos tão Meus*, Cap. I)

"Senhor, perdoa este Teu filho ainda tão imperfeito. Porém, como Ser bondoso que és, sabes que eu Te amo demais.

Pai querido, neste instante, quando busco a proteção, desejo que saibas que sempre estarei esperando o chamado para novos trabalhos. Ajuda-me, Senhor, a vencer minhas imperfeições e faze de mim um instrumento da Tua paz. Que eu seja a mão amiga em direção ao caído, uma luz para os cegos de crença, uma esperança para os desesperados, um sorriso para o triste, um bálsamo para o que sofre, porém, antes de tudo, cura-me, Senhor, porque filho Teu sou."

(*Dois Mundos tão Meus*, Cap. XX)

"Senhor, seja feita a Vossa vontade, assim na Terra como no Céu.

Que todos os Vossos filhos se conscientizem de que a cada um foi dado um livro para ser escrito com as letras da evolução. Não importa quanto tempo transcorreu desde que saímos das Vossas mãos, só importa que hoje desejamos seguir à frente em busca de Vossos braços amigos e protetores. Assim seja."

(*Universo de Amor*, Cap. XXIV)

"Senhor do Universo, benditas mãos que seguram as nossas. Imaculado é o Teu conhecimento, que tão bem nos transmites. Perdoa, bom Deus, os nossos erros, e fortalece-nos para que jamais nos sintamos ofendidos. Seja feita a tua vontade e nunca a nossa, por sermos ainda ignorantes. Dá-nos, Senhor, a paz, a esperança de um mundo melhor, e não nos deixes perdidos na estrada da vida, longe do Teu coração de Pai, porque o Teu reino de amor é glória prometida a todos aqueles que lutam pela perfeição."

(*Ensina-me a Falar de Amor*, Cap. XII)

05

# Preces para adquirir perseverança

"(...)A fé robusta dá a perseverança, a energia e os recursos que fazem se vençam os obstáculos, assim nas pequenas coisas, que nas grandes. Da fé vacilante resultam a incerteza e a hesitação de que se aproveitam os adversários que se têm de combater; essa fé não procura os meios de vencer, porque não acredita que possa vencer."

*O Evangelho Segundo o Espiritismo*, Cap. XIX

“Mestre Jesus, pedimos a Vossa presença em nossos corações. Ajudai-nos, Mestre, a encontrá-Lo nas choupanas, nos lares, em todos os lugares onde as lágrimas e as dores fazem morada.

Não permitais, Jesus, que, desiludidos e cansados, esmoreçamos diante dos fracassos, mas fazei com que, resplandecente, a Vossa Luz clareie os nossos corações para o trabalho a que fomos chamados. Assim seja.”

(*Ninguém está Sozinho*, Cap. XII)

“Senhor, como sou feliz por ter-Vos um dia encontrado, não no inferno nem no céu, mas no fundo do meu coração, acenando-me com a certeza de que jamais estive sozinho. A Vossa bondade deu-me forças e, graças a Vós, tive a felicidade de descobrir a vida-além-vida.

Hoje, junto a queridos irmãos, vejo surgir à minha frente a longa e bela estrada do Mestre e, à medida que a percorremos, nossos pés deslizam, pela coragem que de Vós emana. Sede, Senhor, sempre o nosso abrigo, para que cheguemos, sem nos deter, ao término da grande jornada.”

(*Um Jardim de Esperanças*, Cap. XXI)

06

# PRECES PARA AFASTAR O CANSAÇO E A CURIOSIDADE

"O verdadeiro homem de bem (...) estuda suas próprias imperfeições e trabalha incessantemente em combatê-las. Todos os esforços emprega para poder dizer, no dia seguinte, que alguma coisa traz em si de melhor do que na véspera."

*O Evangelho Segundo o Espiritismo*, Cap. XVII

“Jesus, preciso de Vós neste momento. Procurar-Vos-ei no Horto quando, levando Pedro, Tiago e João, implorastes para que eles se mantivessem em vigília; mas o sono não permitiu que os bons apóstolos se pusessem vigilantes para Vos ajudar. E três vezes Vós os acordastes.

Hoje eu também, Mestre, preciso me vigiar, do contrário, o cansaço, a curiosidade e o medo podem me fazer perder a grande oportunidade que ora me surge. Não permitais que eu me curve diante de meus próprios erros. Fazei, Senhor, que o meu Espírito cresça cada vez mais em responsabilidades, não deixando para trás tarefas a serem realizadas.

Eu vos amo, Mestre amigo. Preciso muito de Vós neste momento.”

(*Mãos Estendidas*, Cap. VI)

“Senhor, aquieta nossos pensamentos para que nossa mente entre em Teu reino de paz e amor. Tem piedade do nosso Espírito curioso e, como tiveste força de parar os trovões e os relâmpagos e dar calmaria ao mar, também acalma o nosso Espírito, dando-lhe um banho de humildade. Assim seja”.

(*Mais Além do Meu Olhar*, Cap. 19)

07

# PRECES PARA CONSCIENTIZAÇÃO

"Para nos melhorarmos, outorgou-nos Deus, precisamente, o de que necessitamos e nos basta: a voz da consciência e as tendências instintivas. (...) As boas resoluções que [o homem] tomou são a voz da consciência, advertindo-o do que é bem e do que é mal e dando-lhe forças para resistir às tentações."

*O Evangelho Segundo o Espiritismo*, Cap. V

“Pai, Amigo de todos nós, agradecidos, Senhor, estamos pelo amparo que nos dais, apesar das nossas fraquezas de ontem, ainda colocando por bondade Vossa, em nossas mãos, nobres e sublimes oportunidades de trabalho.

Senhor Deus, criador de todos os Espíritos, Pai Imaculado, ajudai-nos hoje e sempre, como fizestes no ontem, a ter consciência de que desrespeitando as Vossas leis estamos destruindo a nós mesmos.

Pai, estamos unidos, esperando que a Vossa bondade penetre o nosso Espírito, dele fazendo forças do bem em prol dos irmãos distanciados ainda de Vós. Assim seja.”

(*Na Esperança de Uma Nova Vida*, Cap. XXX)

“Pai, como sou importante: fui criado pelas Vossas Mãos Sacrossantas de Amor. Fazei de mim um filho obediente e amigo dos meus amigos; não me deixeis solto na maré das imperfeições; ajudai-me a navegar nas águas tranqüilas da paz do Vosso oceano de amor. Também agradeço-Vos, Pai, por tudo que me tendes dado, principalmente a vida. Ajudai-me a conservá-la ao Vosso lado, hoje e sempre”.

(*Ninguém está Sozinho*, Cap. X)

“Insigne Mestre, faze de mim um pequeno servidor de Tua seara, esquecendo minhas necessidades em favor das necessidades alheias. Faze, Senhor, que a minha voz se cale nas críticas e nos lamentos, mas que ela se levante diante da Verdade dos Teus ensinamentos.

Cada vez, Senhor, que o meu corpo desejar o repouso, faze com que o trabalho o desperte, dando condição para que outros repousem.

Mestre, ajuda-me no caminho, fazendo-me um instrumento para aplainar e florir cada recanto de dor, levando a Tua palavra amiga.

Deste pequeno servo que ainda sou, faze, Jesus, migalhas de alimento para os famintos de esperança e que o meu coração se abra como a rocha amiga em abrigo ao viajor cansado.

Se depois de tudo o que venho recebendo, eu pretender esquivar-me das responsabilidades, segura-me Senhor, em tuas mãos amigas e transforma-me, do verme que ainda sou, em algo útil para os meus semelhantes.

A Ti pertenço, Jesus. Faze de mim o que for da vontade do Pai."

(*Os Miosótis Voltam a Florir*, Cap. I)

"Deus, nosso Pai, que sois poder e bondade, dai-nos a certeza de que somos centelhas do Vosso coração, que brilhantes se tornam quando ligadas ao bem. Dai-nos, Senhor, as forças necessárias para fazer dos nossos momentos, momentos dedicados aos que mais precisam, usando a Vossa Lei como exemplo a ser seguido.

Onde existir a dor, fazei, Senhor, que sejamos o remédio amigo. Onde a lepra do ódio estiver queimando, fazei que sejamos a brisa refrescante da paz. Senhor, a fome se alastra em vários continentes: fazei que sejamos o alimento que emana de Vós.

Se desejarmos esquecer nossos irmãos, fazei que a verdade abra nossos olhos egoístas, brilhando neles a Caridade.

Senhor Deus, Pai, amigo e bom, como Moisés, aqui nos encontramos, de braços abertos, almejando que o contato de nossos corações com o Vosso possa refletir a imagem sublime de Jesus diante de todas as criaturas que sofrem e precisam de luz, paz e amor.

Dai-nos, Pai, a grandeza da fé, a humildade, a perseverança para que caminhemos sempre para frente, levantando os caídos, amparando os coxos, enxergando pelos cegos, cicatrizando chagas, despertando mortos e fazendo de cada coração uma estrela brilhante nas noites escuras das dores, indo em todos os lugares a buscar aqueles que longe do lar se encontram. Assim seja."

(*Os Miosótis Voltam a Florir*, Cap. XI)

"Deus, nosso Pai de amor e bondade, sábias são as Tuas leis. O homem sofre por desrespeitá-las.

Senhor, enviaste Jesus à Terra, não só para que o Mestre ensinasse aos alunos repetentes, que somos nós outros, a bondade, o amor e a caridade, porém ainda mais para que Ele nos fizesse compreender que o túmulo é a porta da verdadeira vida e, quando por ela passarmos, sabermos dar valor à coragem de Jesus em nos mostrar que Tu, Senhor, não matas.

Jesus é Mestre porque não traiu as Tuas leis e bem ensinou aos homens o valor do nascer e do morrer. Quando ressurgiu dos mortos, Jesus quis nos consolar, porque todos teríamos de buscar o túmulo para a vida. E ainda, Senhor, colocaste Maria para completar a vida de Jesus. Na outra porta da estação, Ele foi o exemplo da dignidade e da fé.

Oh, Pai! Agradecidos por tantos ensinamentos, nós, os Teus filhos, pedimos-Te perdão por ainda não assimilá-los. Ajuda-nos a viver dentro das Tuas leis, porque só elas nos revelam a salvação. Assim seja."

(*Lírios Colhidos*, Cap. II)

"Senhor, à medida que caminha a Humanidade sentimos que ela ainda desconhece as leis morais. Tende piedade daqueles que lhes são indiferentes: fazei, Senhor, que em cada coração germine esta semente que faz com que cada Espírito encontre a felicidade em qualquer lugar onde esteja.

Senhor, tende piedade dos indiferentes, dos avaros, dos orgulhosos, dos egoístas, e fazei com que o argueiro desapareça dos seus olhos e que eles enxerguem, por pouco que seja, a luz do Vosso Evangelho, que nos ensina a amar a Deus e ao próximo como a nós mesmos.

Permiti, Senhor, que o pobre seja a ponte que nos liga com o Alto, pois ele é o meio de provarmos a nossa fé.

Fazei, Senhor, que os homens encontrem a paz, a esperança e a caridade."

(*Driblando a Dor*, Cap. VI)

"Senhor, meu Deus, quão bela é a Vossa estrada, dai-nos coragem para percorrê-la, não nos deixeis perdidos nas suas margens. Fazei de cada um de nós trabalhadores conscientes do valor da verdade e da vida. Senhor, amparai aquele que chora, mas consolai ainda mais aquele que luta para não chorar. Ajudai-nos, hoje e sempre."

(*Dois Mundos tão Meus*, Cap. XII)

"Senhor, tem piedade deste espírito que perambula pelas sarjetas do mundo físico. Faze, Senhor, que uma luz divina aflore na sua consciência para que ele tenha força para divisar uma nova vida. Sabemos que prometeste ficar ao lado dos maiores pecadores, ajuda-nos."

(*Na Hora do Adeus*, Cap. XXXII)

"Senhor, tenha piedade de todos nós, seres pecadores. Ajude-nos, agora e sempre, para que possamos encontrar o estreito caminho da perfeição. Se nossos pés cansados se encontram, faça com que a fé nos eleve até Deus, nosso Pai amado. Não nos deixe enleados nas nossas fraquezas, para não conhecermos o fracasso. Ajude-nos, Jesus, a dar, nem que seja um passo apenas, em Sua direção.

Agora, imploramos não somente por __________, mas por todos os que distantes se encontram do Seu estreito caminho, que nos leva à salvação. Ajude-nos, Jesus."

(*Mais Além do Meu Olhar*, Cap. 6)

08

# Preces para pedir proteção

"Todos temos, ligado a nós, desde o nosso nascimento, um Espírito bom, que nos tomou sob a sua proteção. Desempenha, junto de nós, a missão de um pai para com seu filho: a de nos conduzir pelo caminho do bem e do progresso, através das provações da vida.(...)"

*O Evangelho Segundo o Espiritismo*, Cap. XXVIII

"Senhora, Mãe de Jesus e de todos nós, as flores depositadas a Teus pés são gotas de orvalho a perfumá-La. Faze, Senhora, que elas encontrem os nossos corações e possam penetrá-los, transformando-se em abrigo fraterno a todos aqueles que ainda não descobriram o Mestre, nosso Irmão.

Senhora, Mãe Amiga, ajuda-nos a todos, Espíritos bons e maus, a encontrar nas Tuas lágrimas o orvalho da esperança.

Se endurecidos permanecermos, ajuda-nos, Senhora, a achar o remédio, mesmo na dor, para que possamos abrir os olhos confiantes e enxergar a beleza das obras divinas.

Senhora, Mãe Maria Imaculada e Bondosa, faze-nos crianças para ser no Teu colo embaladas, olhar Teus olhos e ver através deles o mundo e todas as criaturas como nossas irmãs.

E assim, Senhora, dando graças a Deus, pedimos proteção para todos os discípulos do Evangelho."

(*Na Esperança de Uma Nova Vida*, Cap. X)

"Pai Nosso que estás nos céus, na paz dos corações puros e amigos.

Vem, Senhor, até nós, mesmo impuros, fazendo-nos pequenos instrumentos da Tua Seara de Amor.

Recebendo a Ti, Pai, sentiremos a Tua força e com ela venceremos os nossos inimigos, que são as imperfeições do nosso Espírito imaturo.

Deus, Pai amado, Criador de tudo, criaste em nós o direito da escolha e hoje, usando-a demais, esquecemos de Ti, que deve ser o nosso encontro.

Deus, Pai querido, ajuda-nos a construir em nós a estrada que nos levará à vida eterna. Não nos deixes desamparados, entregues às nossas fraquezas, fazendo o mal e destruindo o que nos deste para ser feliz — a liberdade.

Ajuda-nos, Senhor, a viver em Ti, porque Tu és a nossa vida.

Faze, Senhor, que neste descanso possamos haurir as forças necessárias para viver em Teu reino de amor e paz.

Instrumentos criados por Ti somos todos, permite que sejamos úteis ao próximo para que o próximo nos leve a Ti. Assim seja."

(*Na Esperança de Uma Nova Vida*, Cap. XVI)

"Jesus, Filho de Deus, Espírito Perfeito, Amigo de todos. Luz bela e radiosa que espanta as trevas do mal, mostrando-nos o caminho reto e seguro que nos levará aos braços do Criador de toda a Natureza;

Bom Pastor, eterno Filho Amado, agasalha-nos em Teus braços ainda doloridos pelos açoites dos homens, embrutecidos pelo orgulho da Terra;

Senhor, não nos deixes nunca, mesmo quando, Senhor, esquecermo-nos de Ti, ferindo o nosso próximo ou destruindo as esperanças de alguém;

Doce Rabi da Galiléia, caminha sereno com o cajado de luz, pensativo e confiante que vamos enxergá-Lo através da dor ou das alegrias.

Caminha, Jesus, em nossa direção, chega bem perto e acaricia os nossos cabelos. Deixa-nos sentir as Tuas mãos sublimes tocando nossos corpos impuros. Não estamos mortos, Senhor, porque Tu és vida e estás junto de nós, ensinando-nos o caminho da Luz.

Querido Amigo, permite que caiam sobre nós as pétalas de amor do manto maternal de Maria, a mulher sublime que se fez Mãe para poder deixar o maior exemplo de renúncia para todos nós.

Cobre-nos com as bênçãos da Tua Bondade. Banha-nos a consciência de luz. Faze, Mestre, que tudo o que temos pertença ao amor e que este sentimento puro se transforme na esperança de uma nova vida."

(*Na Esperança de Uma Nova Vida*, Cap. XXXIII)

"Senhor Jesus, doce e meigo Rabi, Pastor de ovelhas, ampara-nos sob Tuas mãos fortes e amigas. Não nos deixes perdidos nos vastos campos da inércia, inebriados pelos cantos dos falsos pássaros, nem que os perfumes mundanos penetrem os nossos sentimentos, transformando-os em instintos animalescos.

Guarda, Senhor, em Teu coração, estas almas ainda carentes de luz, mas que tentam clarear o caminho através da ajuda a todos aqueles que sofrem. Auxilia-nos, Jesus, para que nossos passos, ainda incertos, levem-nos pelas sendas floridas que perfumarão nossas consciências, na busca da paz, do amor e da humildade.

Senhor, aqui nos encontramos, irmãos pequeninos e amigos, tendo a certeza de que só Tu podes ensinar e oferecer a estrada que nos guiará até nossa chegada aos braços do Pai.

Ajuda, Senhor, Teus servidores que humildemente Te solicitam trabalho, porque servir é encontrar a Paz de caminhar ao Teu lado."

(*Ninguém está Sozinho*, Cap. XI)

"Senhor Jesus de Nazaré, filho do nosso amado Pai, ajuda-nos no caminho da esperança, faze germinar em cada coração uma flor de bondade, de paciência e de justiça. Dá aos homens que dirigem as massas a serenidade e o equilíbrio das grandes consciências unidas a Ti. Mestre Nazareno, cada chibatada que Te abria as chagas, Tu, Poder e Bondade, as oferecias aos injustiçados e açoitados; e quando Teu Sacrossanto sangue cobria-Te o corpo cansado e dolorido, oravas ao Pai, pedindo perdão para todos os que usam a violência para aleijar, maltratar e matar. A dor que atingia o Teu coração Te fazia lembrar Maria e pedias ao Pai por todas as mães que sofrem ao ver um filho preso, abandonado, condenado e maltratado. E quando, Jesus, nós Te encontramos na Doutrina Espírita, abraçamos-Te como o grande Pastor das Almas.

Pedimos proteção para todos os Espíritos na carne e também por aqueles já libertos, mas que junto de nós precisam ainda trabalhar para chegar à perfeição.

Senhor Jesus de Nazaré, guarda-nos no Teu Sacrossanto Coração e livra-nos do perigo de ofendermos a Deus e a Ti. Assim seja."

(*Ninguém está Sozinho*, Cap. XVI)

"Jesus, amigo de todos os que desejam chegar ao Pai, nós Te pedimos proteção para a nossa jornada de trabalho. Não nos deixes, Senhor, parados no meio do caminho, por falta de confiança em ti. Desperta os nossos corações para que eles, unidos, possam desdobrar-se em remédio e socorro àqueles que nunca compreenderam o valor do amor.

Jesus, vem até nós. Certos estamos de que o Teu caminho é este que hoje trilhamos, esquecidos de nós, mas vivendo pela felicidade do próximo.

Mestre Amigo, almas endividadas juntaram-se neste Plano para trabalhar em favor de todos os planos que de ti se distanciaram pelo ódio. Ajuda-nos, Jesus, estendendo-nos as mãos para que as forças não nos faltem. Juntos, iremos pelos vales das dores e das sombras. Em todos os momentos em que as lágrimas desejarem embaçar nossos olhos e atrapalhar nossos passos, seca-as, Senhor, auxiliando-nos para que possamos servir em Teu nome. Obrigado, Jesus, e que sejas sempre a bússola brilhante a nos guiar. Assim seja."

(*Os Miosótis Voltam a Florir*, Cap. III)

"Senhor da vida, protegei-nos, fazendo de cada um de nós um instrumento útil de ajuda ao próximo. Como Espíritos ainda imperfeitos, podemos ter os passos resvalados, mas com a Vossa ajuda podemos chegar até o final do caminho. Dai-nos a humildade no trabalho, a força nas decisões, a fé nas dúvidas, a perseverança e o amor. Senhor, que a Vossa luz ilumine os caminhos que temos de trilhar. Ajudai-nos, Senhor!"

(*Dois Mundos tão Meus*, Cap. XXII)

"Senhor, seja feita a vossa vontade, assim na Terra como no Céu. Que todos os Vossos filhos se conscientizem de que a cada um foi dado um livro para ser escrito com as letras da evolução. Não importa quanto tempo transcorreu desde que saímos das Vossas mãos, só importa que hoje desejamos seguir à frente em busca de Vossos braços amigos e protetores. Assim seja."

(*Universo de Amor*, Cap. XXIV)

09

# Preces para pedir proteção para um trabalho

"(...)quando começardes ou acabardes uma obra, eleveis o pensamento a esse Criador e lhe peçais, num arroubo d'alma, ou a sua proteção para que obtenhais êxito, ou a sua bênção para ela, se a concluístes.(...)"

*O Evangelho Segundo o Espiritismo*, Cap. XVII

“Jesus Amigo, vem a nós. Nunca de Ti precisamos tanto. Afaga-nos em Teus braços. Junta-nos na Tua destra de luz e faze de cada um de nós centelhas do Teu amor. Juntos transformaremos todos os empecilhos em momentos de reflexão e aprendizado.

Quando algum lobo bravio e traiçoeiro desejar vestir-se de ovelha para nos enganar, faze, Mestre, com que os nossos olhos impuros possam enxergar através dos Teus e possamos ajudá-lo ou afastá-lo, sem o ferir ou condenar.

Ajuda-nos, Senhor, no trabalho, para que seja aliviado, o que tens feito com todos nós, os Teus irmãos.

Vem, Jesus, aqui nos encontramos prontos para a grande jornada. Estamos confiantes por sabê-Lo à nossa frente, amainando os ventos e abrandando os gritos das mentes perturbadas.”

(*Na Esperança de Uma Nova Vida*, Cap. XI)

“Senhor Jesus, Mestre de Bondade, flor que desabrochou no lar de Maria, fazendo-Se criança frágil e necessitada de carinho de mãe para haurir forças, a fim de auxiliar a Humanidade faminta de amor.

Querido Jesus, hoje ainda encontramos na Terra flores sem perfume, mas Espíritos necessitados de Tua proteção. Amado Mestre, esperamos de Ti que nos perdoes os erros de ontem, permitindo que consigamos evitar que os vícios destruam a juventude e a família.

Mestre, aqui nos encontramos, Espíritos carentes, oferecendo nossas mãos para arar na Tua Seara, fazendo nela o que nos ensinaste através do exemplo de amor a Deus e a todos nós, quando levantaste paralíticos, quando deste luz aos cegos, quando ajudaste os coxos e estropiados.

Hoje, Jesus, pedimos-Te: dá-nos forças para o trabalho e que este se multiplique em muitos outros pelo exemplo que demonstraremos como Teus seguidores. Assim seja".

(*Ninguém está Sozinho*, Cap. VII)

"Pai, aqui estão os Vossos filhos, recebendo, como sempre, a Vossa proteção. Sabemos que nunca ficamos sozinhos, porque Vossa presença está em nós sempre que a procuramos. Senhor, agradecemos todo o amor que de Vós emana e gostaríamos de estendê-lo a todos aqueles que precisam.

Pai, encontramo-nos em trabalho; ajudai-nos a compreendê-lo para bem executá-lo.

Senhor, fazei de nós os filhos que desejais que nos tornemos e não o que imaginamos que seja bom para nós. Abri-nos, Senhor, o coração para abrigar os Vossos ensinamentos e para que os consigamos assimilar, a fim de que outros também os recebam de nós.

Senhor, ajudai-nos, porque a caminhada é longa. Permiti que cada filho Vosso seja uma bandeira de paz nas regiões de lágrimas e dores. Assim seja."

(*Os Miosótis Voltam a Florir*, Cap. XIII)

"Deus de bondade infinita, abençoai-nos para que sejamos o bálsamo aos que precisam. Que as nossas mãos estejam perfumadas de fluidos amigos para aqueles que, desesperados, procuram alívio. Ajudai-nos, Senhor, no esquecimento de nós mesmos.

Imbuídos da vontade de levar o bem-estar ao nosso próximo, que possamos caminhar sempre ao Vosso lado, tendo Jesus por Pastor.

Pai, que cada um que chamado foi ao trabalho de aliviar as dores encontre força na renúncia e no amor ao próximo; que jamais venha a fazer algo que o desrespeite diante do sacerdócio de servir, de curar aqueles que a nós forem confiados.

Obrigado, Senhor, pela vida a nós concedida, mais ainda por aquela que hoje vivemos, ao lado dos nossos irmãos, que, como nós, precisam do amor para evoluir."

(*Mãos Estendidas*, Cap. XIII)

"Mestre amado, eu Vos convido para nos acompanhar nesta tarefa de socorro, em que irmãos ainda imperfeitos precisam dar o grande pulo da vida encarnada para o mundo espiritual. Dai-nos, Senhor Jesus, as Vossas mãos de Irmão querido, só elas nos darão forças para termos condição de pescá-los. Amado Mestre, obrigado pela Vossa bondade e que estejais conosco hoje e sempre."

(*Dois Mundos tão Meus*, Cap. XXII)

"Senhor, Criador de todo o Universo, neste instante, quando uma nova tarefa foi-nos confiada, cerramos os olhos em busca do Teu poder e da Tua bondade.

Conhecemos as nossas limitações, mas também sabemos que sempre estás onde o amor impera. Portanto, Senhor, contamos com a Tua ajuda para nos sentir fortalecidos junto àqueles que tanto precisam.

Se for a Tua vontade, faze de cada um de nós um instrumento de paz, de amor, de esclarecimento e de consolo. Não nos deitaremos em prados verdejantes nem entraremos no vale da "morte", mas estamos dispostos a entregar os nossos Espíritos para que eles busquem o trabalho junto a todos os que precisam. Ajuda-nos, Senhor, hoje e sempre. Assim seja."

(*Cascata de Luz*, Cap. X)

10

# PRECES PARA TIRAR ALGUÉM DO VÍCIO

"(...)Somente o homem que se despojou dos vícios e se enriqueceu de virtudes pode esperar com tranqüilidade o despertar na outra vida. Por meio de exemplos, que todos os dias nos apresenta, o Espiritismo mostra quão penoso é, para o mau, o passar desta à outra vida, a entrada na vida futura."

*O Evangelho Segundo o Espiritismo*, Introdução

“Senhor, Deus de infinita bondade, dai-nos forças para ajudar em Vosso nome; para levantar os caídos, os sofredores, sustentados por Vossa Mão Sacrossanta e Amiga. Pai, esclarecei-nos se nada soubermos, mas permiti que compreendamos o Vosso Amor para transmiti-lo, através do exemplo, aos que de Vós se distanciam.

Deus, Amigo e Pai, socorrei-nos nesta hora em que presenciamos alguém afundar-se no mar raivoso da destruição do vício. Ajudai-nos, Senhor, a ser os portadores do sublime remédio que é o Vosso Amor. Assim seja.”

(*Ninguém está Sozinho*, Cap. IX)

“Maria, Mãe querida, aqui viemos em busca de paz, mas não a encontramos ainda. Sabemos que o Vosso coração de Mãe está ligado a nós. Como filhos rebeldes e imperfeitos, imploramos que derrameis sobre nós as Vossas bênçãos.

Hoje, Mãe Maria, oferecemos um ramalhete de miosótis para enfeitar Vosso manto protetor. Cada botão aberto necessitou do Vosso orvalho para florir.

Amada Senhora, segurai os Vossos filhos bem forte e quando, como protetora da família, sentirdes que os ventos adversos vão destruí-los, agasalhai-os em Vosso coração de mulher, não os deixando ser levados pelo vendaval dos vícios. Acreditamos, Senhora, no poder da oração e suplicamos que ampareis todas as famílias para que em todo o planeta Terra os miosótis voltem a florir.”

(*Os Miosótis Voltam a Florir*, Cap. II)

"Deus amado, o ser volta-se contra Vós por não compreender a Vossa bondade. Destruindo-se pelo vício, está tentando Vos agredir. Porém, Senhor, todos somos pobres de amor, longe de compreender a grandeza das Vossas obras. Aniquilando-nos, estamos distanciando-nos de Vós e essa distância torna-nos órfãos da consciência.

Auxiliai-nos, Senhor, a sair do lodo das nossas imperfeições e ressurgir no sol da liberdade, para clarear os nossos corações, porque só eles possuem capacidade de alcançar-Vos. Senhor, estendei-nos as Vossas mãos mais uma vez para que sejamos dignos do caminho do Cristo. Ajudai-nos, Pai misericordioso de bondade.

Assim Seja."

(*Consciência*, Cap. XXVII)

"Deus, Vós criastes o Universo, com suas galáxias e planetas, tudo obedecendo a uma disciplina. Tudo, Senhor, existe graças a Vós. E o ser humano, Senhor, por que não disciplina a sua mente para as coisas boas?

Fazei, Senhor, com que o viciado se conscientize do seu valor, se ame, correndo da destruição dos tóxicos, que ele viva longe do vício que mata sem piedade. Onde estiver um viciado, fazei com que a Vossa luz o cubra, ocultando-o dos traficantes.

Se alguns deles chegarem ao plano espiritual antes do tempo, não permitais que Espíritos menos esclarecidos os levem para as suas organizações.

Ajudai, Senhor, a todos, dando-lhes forças para dizer *não* antes que seja tarde. Não os deixeis, Senhor, perdidos nos *vales da sombra e da morte;* dai-lhes a razão, a luz e o amor, para que tenham força para bem discernir e não se deixarem levar pelas ilusões do momento. Amparai-os hoje e sempre, Senhor."

(*Deixe-me Viver*, Cap. XXVII)

# 11

# PRECES PARA UM TRABALHO

"(...)Não dispõem todos, à falta de dinheiro, do seu trabalho, do seu tempo, do seu repouso, para de tudo isso dar uma parte ao próximo? Também aí está a dádiva do pobre, o óbolo da viúva."

*O Evangelho Segundo o Espiritismo*, Cap. XIII

"Obrigado, Senhor, por me teres aceito nos teus campos verdejantes, onde as flores do trabalho se multiplicam a cada instante, nas mãos dos seareiros de boa vontade.

Obrigado, Senhor, pela luz dos nossos caminhos, na certeza Senhor, de que os caminhos iluminados por Ti salvam e perdoam aqueles que vivem nas trevas.

Obrigado, Senhor, pelo chamado amigo.

Ajuda-me, Senhor, a não medir esforços. E quando o cansaço de mim se aproximar, por ser ainda Espírito imperfeito, ajuda-me, Irmão, a pensar menos em mim e mais e mais em nossos irmãos.

Obrigado, Senhor, pelo grande alimento que me sustenta as forças e me abre os braços em prece para receber a Ti através daqueles que como eu erraram muito, e necessitam trabalhar.

Ajuda-me, Senhor, a saber agradecer sempre!"

(*Na Esperança de uma Nova Vida*, Cap. I)

"Agradecemos, Senhor, por aqui nos encontrarmos, Espíritos em luta em busca da paz, não só a nossa, mas a de todos os que como nós outros esquecemos um dia que Tu és Verdade, Poder e Amor.

Pai, chamados pela providência do amor ao serviço sério de ajuda, prostramo-nos a Teus pés, pedindo forças para concretizar as obrigações em prol dos mais fracos.

Dá-nos, Senhor, a coragem nas horas em que a nossa fraqueza desejar deter nossos passos.

Auxilia-nos, Senhor, a trabalhar com humildade nas horas em que os nossos trabalhos parecerem importantes.

Ajuda-nos, Senhor, sempre, a saber doar sem perguntar a quem, nem se temos forças para o serviço que nos chega, mas sim, Senhor, que o nosso coração esteja aberto em flor para ser beijado pelos raios de sol que banham as almas amigas que servem em nome do amigo Jesus.

Faze, Senhor, se preciso for, que as nossas almas sejam sempre pequenas e anônimas, mas que o nome do Teu Filho brilhe em todos os corações para que vivam em paz."

(*Na Esperança de Uma Nova Vida*, Cap. II)

"Nosso Deus, Pai Amigo, como podemos dizer-Te obrigado, Senhor?

Nós, Espíritos que temos falido pelos caminhos da vida, que a Tua bondade tem permitido as oportunidades de vivê-la, hoje, Senhor, recebemos as bênçãos do trabalho e junto a elas recolhemos as vibrações de Ti, que acolhes os filhos queridos unidos em um abraço fraterno. Deus, Pai Caridoso, estamos aqui recebendo das Tuas destras luminosas o amparo para prosseguir, na certeza de que sempre somos protegidos.

Senhor, és a nossa meta de chegada e Tu, como Pai Amoroso, esperas ansiosamente os filhos retardatários. Deus criador, força suprema de todo o bem, ajuda a todos os encarnados e desencarnados nesta conquista direta que nos traz o trabalho sério, tendo as palavras do Cristo gravadas em nossos corações, do Amor a Ti e ao próximo como a nós mesmos.

Obrigado, Senhor, e sejas sempre presença nas horas de trabalho como este, quando fomos convidados a servir, servir e servir, apesar, Senhor, do nosso corpo cansado e das imperfeições de que somos portadores. Confiantes estamos de que és nosso Pai Amigo, sabendo que sempre estarás ao lado de todos os filhos que trabalham em Teu Nome."

(*Na Esperança de Uma Nova Vida*, Cap. III)

"Pai, aqui estamos reunidos sob a chuva que emana de Teu reino de Amor — a chuva de bênçãos.

Nós, Espíritos endividados, batemos à Tua porta e ela, como prometeste, fez-se aberta, oferecendo-nos as oportunidades que hoje desfrutamos.

Dá-nos, Senhor, as forças de que necessitamos para continuar esquecidos das nossas necessidades, mas tudo fazendo pelas necessidades dos outros.

Ajuda-nos, Senhor Deus, a tornar realidade a paz do Teu Filho, levando aos recantos escuros do ódio a certeza de que o Amor que em nós criaste jamais retrograda; que todos nós possuímos em nossos corações esta chama adormecida que só desperta no dia em que, desejosos, procuramos o caminho do Bem.

Que possamos, Senhor, prosseguir sempre em busca do Teu caminho, mesmo que ele às vezes se apresente cheio de dores e desilusões.

Senhor, desperta em cada um de nós a centelha do amor e do trabalho, nunca nos dando o direito de desistência e sim a coragem para o prosseguimento, mesmo que ela nos pareça faltar.

Obrigado, Senhor, dizemos todos de uma só vez. Obrigado, Senhor, pela casa que nos abriga, a casa do Amor."

(*Na Esperança de Uma Nova Vida*, Cap. V)

"Agradecemos, Senhor, pois famintos de luz aqui chegamos e fomos tratados pelos raios majestosos das entidades ligadas ao trabalho do Amor.

Hoje, recuperados, tentamos outros reerguer; ontem perambulávamos na Crosta à procura de um reino de Deus, quando Jesus se nos apresentava simples e humilde.

Muitas faltas cometemos, refletidas ainda em nosso corpo espiritual. Mas hoje, Senhor, encontramos o poço de água viva, que nos dá o direito de reerguer-nos do lodo, lavando as impurezas e curando as chagas abertas pelas nossas imperfeições e até, Senhor, colocando em nossas mãos amortecidas pelos açoites que aplicamos em nossos semelhantes a ferramenta bendita do trabalho.

Dá-nos, Senhor, forças para sermos dignos dos Teus ensinamentos, vivendo junto às almas doentes como as nossas, caminhando lado a lado com o erro e a dor, sem deixar que coisa alguma abafe o calor de servir em Teu nome.

Ajuda-nos, Senhor, a sermos fiéis às leis que regem todo o Universo. Assim seja."

(*Na Esperança de Uma Nova Vida*, Cap. VI)

"Médico Sublime do Amor és Tu, Jesus. Somos apenas instrumentos defeituosos que sob Tuas mãos convertem em alívio as pequenas e grandes dores.

Confiantes no Teu poder, nós Te pedimos o remédio da Paz nesta hora do trabalho de ajuda a outros irmãos, que, como nós, também necessitam muito do Teu Amor. Sabemos que lutaste com imensas dificuldades na Terra, mas em nenhum momento sequer deixaste de fornecer o remédio que carregas junto a Ti — a Paz.

Mestre Amigo, pertencemos a Ti. Cremos em Ti, na Tua Proteção e nos colocamos ao Teu serviço, humildes e prontos para doar toda cota de paz que possuímos."

(*Na Esperança de Uma Nova Vida*, Cap. VII)

"Força Suprema de todos os mundos, habitados ou não. Força Suprema que rege a todos, bons ou maus. Escutamos a Ti no cantar dos pássaros, no barulho dos trovões, na pureza dos riachos, nas bravias ondas dos mares, na brisa que beija os cabelos, nos botões delicados das flores, nas pétalas aveludadas das rosas, nos pequenos e frágeis insetos, nos poderosos animais, nos ventos fortes das tempestades, na chuva que refrigera a atmosfera.

Deus-Amigo, desconhecer-Te é renegar Tua obra, que nos cerca e nos dá a vida.

Despertando aqui, depois de pesado sono no mundo do ódio, da dor e da injúria, encontramos, juntos, Espíritos criados por Ti e há tanto tempo separados pelos caminhos largos do ouro e da mentira. Ligados pelo elo inquebrantável da prece, agradecemos, Senhor, por ter-nos aberto a porta do trabalho, colocando-o em nossas mãos, muitas já manchadas pelo sangue.

Mas, hoje, Pai Amigo, estamos oferecendo o que temos de mais sagrado — o nosso livre-arbítrio, na certeza de que só desejamos servi-Lo.

Dá-nos força, Ser Supremo, para que possamos caminhar sempre, tendo ao nosso lado o maior amigo, que nos ajuda a ir avante — o trabalho. Só ele, Senhor, deu a Jesus o direito de salvar a Humanidade através do Evangelho. E hoje pedimos que o Evangelho nos faça trabalhar sempre."

(*Na Esperança de Uma Nova Vida*, Cap. VIII)

"Sabemos das dificuldades, Pai, mas aqui estamos para o trabalho que nos chamaste. Faze, Senhor, de cada um de nós instrumento útil para a causa do bem, apesar das nossas imperfeições.

Sim, Pai, aqui estamos junto a Teu Filho, esperando a hora de servi-Lo. Ajuda-nos a ajudar, mesmo se for através do sacrifício que nunca pediste.

Sê presença em nós, pois só assim seremos eternos."

(*Na Esperança de Uma Nova Vida*, Cap. IX)

"Jesus, Irmão querido de todas as horas, aqui me encontro, não para pedir, mas para dizer-Lhe obrigado.

Obrigado, Amigo, por me ter permitido encontrá-Lo e hoje ter a felicidade de trabalhar junto a outros irmãos em Seu nome, para o bem-estar do próximo.

Obrigado, Mestre Amigo, e faça com que, esquecendo de mim, eu possa cada vez mais levar até os meus irmãos a Sua palavra de esperança e de Amor.

Jesus, quando meu corpo cansado estiver e minha mente não desejar encontrar a Sua, faça, Senhor, que algo me desperte, nunca me deixando só com a ociosidade.

Traga, Jesus, a Sua Luz, hoje e sempre, no caminho ainda escuro da minha escalada.

Amá-Lo, servi-Lo é o sonho por todos a realizar.

Ajude-nos a saber parar e orar para dizer: Obrigado, Jesus."

(*Na Esperança de Uma Nova Vida*, Cap. XX)

"Obrigado, Pai, por nos ter dado Jesus e ter permitido que nosso Irmão Maior até nós chegasse e junto a nós tivesse deixado, através do Amor, o exemplo do trabalho verdadeiro de ajuda aos pobres e sofredores.

Obrigado, Senhor, e permita que Jesus esteja sempre presente onde existam a dor e o desespero, alertando-nos para o trabalho, ajudando-nos ao esquecimento de nós próprios, para que possamos estar junto ao Mestre, hoje, amanhã e sempre."

(*Na Esperança de Uma Nova Vida*, Cap. XXI)

"Senhor Jesus, Teus irmãos que apegados aos erros se distanciaram de Ti, hoje, Mestre, perdoados das inúmeras faltas, encontram-se reintegrados na tarefa que, por bondade, a cada um de nós confiaste.

Ninguém melhor do que Tu, Senhor, para saber das nossas deficiências, mas estamos cientes de que agora muito podemos fazer, porque, Senhor, ao nosso lado estarás sempre, com a Tua força e o Teu Amor.

Mestre, almas em desespero clamam por socorro. Outras, invigilantes, desejam vingança e nós, Espíritos pecadores, pedimos trabalho para que, através dele, possamos Te encontrar.

Prostrados a Teus pés, Mestre, pedimos: ajuda-nos, Jesus, a permanecer como pequenos servos, mas que a nossa pequenez não nos impeça de grandes e nobres serviços.

Jesus, unidos em prece, agradecemos e pedimos que a Tua mão forte e amiga ampare todos nós, filhos de Deus. Assim seja."

(*Na Esperança de Uma Nova Vida*, Cap. XXV)

"Pai, bom e amigo, aqui deixamos nossos agradecimentos pelas bênçãos recebidas no trabalho que realizamos, tentando dar para aqueles que têm tão pouco o que a Doutrina nos oferece sobejamente: as verdades evangélicas.

Senhor, temos tanto a agradecer, mas só podemos fazê-lo através de novos trabalhos como este hoje aqui realizado.

Pedimos permissão para voltarmos às nossas atividades normais como encarnados, porquanto pela Vossa bondade podemos servir aos dois mundos. Que Deus e Jesus estejam sempre ao nosso lado, protegendo-nos para novos e belos trabalhos de doação e amor."

(*Os Miosótis Voltam a Florir*, Cap. XII)

"Bendita Mãe Espiritual de toda a Humanidade, aproximome para Vos agradecer a proteção oferecida em todos esses anos de minha peregrinação pela Terra, onde o Vosso perfume inundou o meu Espírito, chamando-o às responsabilidades do trabalho.

Ao fitar-Vos, sinto a coragem transmitida pelo Vosso olhar e me ponho a caminhar sem medo, considerando-me apto às tarefas recebidas. Hoje, Senhora, peço a Vossa presença constante em meu coração, para que ele trabalhe dentro da disciplina do Vosso filho Jesus. Porém, se por acaso eu me vir preso da impaciência e do orgulho, como Mãe tolerante, chamai-me à razão. Cuidai de mim, Senhora, porque ainda tenho o Espírito vacilante e necessito de Vossas mãos amigas."

(*Chama Eterna*, Cap. 1)

# 12

# Preces pela Humanidade

"Quando a Humanidade se submeter à lei de amor e de caridade, deixará de haver egoísmo; o fraco e o pacífico já não serão explorados, nem esmagados pelo forte e pelo violento. Tal a condição da Terra, quando, de acordo com a lei do progresso e a promessa de Jesus, se houver tornado mundo ditoso, por efeito do afastamento dos maus.(...)"

*O Evangelho Segundo o Espiritismo*, Cap. IX

"Meu Mestre querido, perdoe-me as lágrimas que banham meu rosto. Elas traduzem meu sentimento de gratidão por tudo que o Senhor me tem ofertado. Quantas lições de amor e humildade! Se ainda caminho pelas veredas da morte e da dor é porque um dia não Lhe ouvi a voz. Se convivo, Senhor, com o desespero e a injustiça, é porque um dia eu os plantei no meu jardim da vida terráquea. Mas como o Senhor nos disse para perdoar não sete, mas setenta vezes sete, sei que me perdoará muito mais. Por isso, Senhor, peço-Lhe que continue a curar os doentes do corpo e do Espírito; que console aqueles que choram; que alivie o desespero de alguns corações; que dê à criança o amparo e o amor de um lar bendito; que faça cair sobre a Terra a esperança e a paz. Que os homens se respeitem para que o respeito se faça presente na sociedade.

Meu Jesus amado, Irmão mais velho desta Humanidade sofredora, agasalhe todos os idosos, principalmente os doentes e abandonados pela família. Dê, meu Senhor, aos homens poderosos a luz do esclarecimento, para que cessem as injustiças e as inverdades; que cada cidadão possa ser livre e feliz.

Jesus, que os orgulhosos tombem diante da humildade; que os avaros se conscientizem de que a fome e a penúria são um mal social; que os violentos plantem flores para perfumar os canteiros da Terra, para que a Humanidade sofra menos.

Meu Senhor amigo, ajude-me a segurar as mãos através das quais encontrei o meio de me fazer presente junto àqueles que ficaram ainda no corpo físico, cumprindo com o plano de Deus; que não só as mãos que me afagam o coração, mas também as mãos de todos os médiuns possam ser firmes nas suas tarefas, cumprindo com o dever de transmitir a verdade, porque só a Sua verdade trará paz à Terra.

Ajude-nos, Senhor, já que não temos um corpo sublimado como o Seu, mas temos as Suas mãos para segurar as nossas e com a Sua força e o Seu amor podemos dizer a todos aqueles que crêem na imortalidade da alma: levantem-se e andem, não se apeguem às coisas materiais, porque à terra elas pertencem.

Ajude-me, Senhor, a ser fiel aos Seus ensinos, não me deixe cair em tentação. Faça, Senhor, com que eu seja uma estrela pequenina, mas se ainda não tenho tal mérito, ajude-me com a Sua luz para que eu possa clarear, pouco que seja, a consciência de todos aqueles que ainda não O conhecem.

Obrigado, Irmão querido, por ter-me ouvido pacientemente. Obrigado, Senhor."

(*Dois Mundos tão Meus*, Cap. XXV)

"Por favor, Deus, afastai da Humanidade a besta do ódio, da ganância, dos vícios e principalmente das guerras. Deus, tende complacência para com todos os que perambulam pelos vales da vida e da morte. Por favor, Deus, tende piedade de todos os que não Vos conhecem. Nós Vos amamos muito."

(*Cascata de Luz*, Cap. XXVII)

# 13

# Preces pelas crianças e pelos jovens

"(...)Às crianças já viciadas pelas companhias de que se cercaram e que vão pelo mundo, prestes a sucumbir às más tentações, dizei: *Deus vos vê, meus caros pequenos*, e não vos canseis de lhes repetir essas brandas palavras. Elas acabarão por lhes germinar nas inteligências infantis e (...) fareis deles homens.(...)"

*O Evangelho Segundo o Espiritismo*, Cap. XIII

"Nosso Senhor Cristo, Irmão Amado e Amigo, estamos sentindo a Vossa presença junto a nós. Clareai-nos os olhos para podermos enxergar a beleza dos Vossos ensinamentos. E, ao nos recordarmos deles, escutamos a Vossa voz, dizendo: *Deixai vir a mim as criancinhas*. Delas, Senhor, lembramo-nos, pedindo que sejam socorridas onde estiverem, as crianças que ficam sozinhas nos lares, para que os pais trabalhem; nas creches, onde as mães as deixam para poder ganhar o sustento; aquelas, Senhor, que perambulam pela cidade, famintas e maltrapilhas, os pequenos engraxates, os guardadores de carros, as crianças que são alugadas para a mendicância, aquelas, Senhor, que convivem com o crime, tornando-se olheiras em tenra idade; as asiladas, que recebem roupas e alimentos, mas a quem falta carinho; os meninos dos esgotos, das pocilgas, os que desde cedo são levados aos vícios, não esquecendo, Senhor, as casas de correção de menores, onde jovens, famintos de amor, encontram, desde cedo, a dura realidade da vida.

Senhor Jesus, pedimos por todos, crianças e jovens, principalmente pelos delinqüentes que matam e roubam. Ajudai, Jesus, a juventude sadia, dando-lhe forças para lutar contra as críticas e ironias daqueles que já se esqueceram de sorrir de felicidade.

Jesus, estão embaraçando as Vossas crianças. Desde cedo, elas são convidadas a participar das violências dos filmes, das vaidades familiares, para não falar, Senhor, das revistas que matam a inocência. Jesus, segurai as Vossas crianças com força. Não deixeis, Senhor, o vendaval da perdição asfixiar estes entes pequeninos. Despertai, Senhor, os adultos, para melhorar a vida das crianças e dos jovens. Assim seja."

(*Ninguém está Sozinho*, Cap. XIV)

"Senhor, dai aos jovens a certeza de que a vida é eterna; segurai, Senhor, as mãos dessas crianças, para que elas se fortaleçam cada vez mais e vençam a tormenta que as ameaça a cada dia. Não deixeis que a tentação cerre seus olhos antes do tempo, pois a perturbação de um Espírito é profunda ferida na alma, difícil de ser aliviada. Ajudai as autoridades, os meios religiosos e as famílias para que todos, unidos, possam orar numa só sintonia a prece do amor ao próximo."

(*Lírios Colhidos*, Cap. XXIII)

# 14

# Preces pelo amor e pelo perdão

"Quando perdoardes aos vossos irmãos, não vos contenteis com o estender o véu do esquecimento sobre suas faltas, porquanto, as mais das vezes, muito transparente é esse véu para os olhares vossos. Levai-lhes simultaneamente, com o perdão, o amor(...)".

*O Evangelho Segundo o Espiritismo*, Cap. X

"Pai, amigo e benevolente, ajudai Vossos obreiros na caminhada espinhosa de auxilio àqueles que faliram.

Deus de bondade infinita, pedimos forças para os que se encontram caídos, esquecidos das Vossas Leis. Ajudai-os Pai, eles não sabem o mal que estão fazendo a si mesmos. Se o despertar ocorrer pela dor, protegei-os, mostrando a verdade da Vossa alegria e do Vosso abrigo. Sabemos que eles sofrem, porque nós por tudo isso passamos. Vossa presença, através dos obreiros de Jesus, despertou a nossa consciência para a verdadeira vereda de luz que são os Vossos braços amigos.

Deus, uno e amigo, Vossos filhos aqui suplicam pelo bálsamo chamado amor e perdão.

Auxiliai, Senhor, os doentes e sofredores e também aqueles que, esquecidos de si, oferecem o remédio e o alívio. Ajudai-nos e fazei de cada sofredor de hoje um Espírito renovado, aliviando outros corpos doentes e levando a Vossa Paz, Deus de bondade eterna. Assim seja."

(*Os Miosótis Voltam a Florir*, Cap. VI)

"Maria, Mãe espiritual de toda a Humanidade, saudamo-Vos, cheia de graça, pedindo-Vos assistência para os abandonados, força para os fracos, luz para os cegos espirituais, amparo aos caídos, alimento para os famintos de amor e paz para os prisioneiros do ódio.

Sede, Senhora, a mão amiga para os que se afogam, debatendo-se nas águas da imperfeição, levados pelas ondas bravias do orgulho e do egoísmo.

Sede, Senhora, o abrigo para todos nós, pequenas sementes que o Jardineiro de Deus, Vosso Filho, todos os dias sai para semear nas veredas divinas; nós que ainda teimamos no desejo de nos aprisionar à terra, longe do sol da verdade e da brisa do amor. Porém, Vós, por estardes ao lado do Senhor, livrai-nos da morte e nos prestai assistência, dando-nos a claridade do Vosso coração de Mãe amorosa.

Abrigo dos que sofrem, em Vosso colo reclinamos nossas cabeças, na certeza de que ouviremos dos Vossos lábios de mulher-mãe esta rogativa: *Meu Deus, concedei-lhes o perdão porque crianças são ainda, precisando, e muito, do Pastor divino, Jesus Cristo, para que Ele seja presença em nossos corações por todos os séculos.*

Assim seja."

(*Mãos Estendidas*, Cap. XVII)

"Pai, tende piedade daqueles que erram, mas ainda mais dos que nos levam ao erro. Dai a todos nós a certeza da vida, para que não matemos os sonhos dos nossos pais, e a complacência, Senhor, para com todas as Vossas criaturas, principalmente aquelas que dia após dia fogem da verdade, afundando-se no mundo pavoroso da traição."

(*Consciência*, Cap. VII)

"Pai, generoso e bom, apiedai-Vos dos Vossos filhos imaturos e dai-lhes a oportunidade de ressarcir seus erros. Não os deixeis perdidos nas estradas escuras do ódio. Clareai os seus olhos para os campos do trabalho e dai-lhes coragem para plantar as sementes da humildade, do amor e do perdão.

O sofrimento na Terra é imenso e ninguém existe que não esteja colhendo o fruto dos seus erros passados. Mas Vós sois o Pai bondoso e tendes o poder de aliviar todos os sofrimentos. Confiantes, portanto, em Vosso amor, esperamos que, ao ouvirdes as nossas preces, façais brotar nesses endurecidos corações o desejo de paz e que eles venham a praticar o bem, a fim de, mais facilmente, prosseguir no caminho da evolução.

Precisamos de forças, alento e coragem para conseguir atingir o fim da jornada. Tirai, Senhor, de nós o véu que nos embaraça; purificai nossas vidas para que sejamos dignos do Vosso amor, Pai amado. Assim seja."

(*Deixe-me Viver*, Cap. XXII)

"Senhor, não somos dignos que entres em nossa casa, porque ela ainda se encontra em desalinho, com as fendas profundas das imperfeições, por elas minando a discórdia, o orgulho e a vaidade. Mesmo assim, Tu de nós Te aproximas, quando Te chamamos, e sabemos que nos ajudas a nos livrarmos da dor e do desespero. Fica ao nosso lado, Senhor, e nos ajudes a correr para os braços de Deus, no perdão e na glória. Assim seja."

(*Dois Mundos tão Meus*, Cap. XI)

"Mãe querida, eu Vos amo do fundo de minh'alma, por isso tenho coragem de tentar enlaçar Vossa cintura, como fazia com a minha mãe carnal e, chorando, Vos implorar: perdoai a todos os Vossos filhos que desconhecem o amor e a fé. Senhora, eles não sabem o que fazem, por isso matam a si mesmos e, nessa morte, encontram a dor e o desespero.

Ajudai, Senhora, os irmãos que perambulam nos vales do sofrimento. Sede a luz para os cegos, o amparo para os caídos, a mãe para os desesperados.

Maria, seja louvado o Vosso nome, aqui na terra como nos céus dos Espíritos imaculados. Eu Vos dou graças e Vos abraço, dizendo: Mãe amada, cuidai de todos nós, hoje e sempre."

(*Dois Mundos tão Meus*, Cap. XXIII)

"Deus de bondade extrema, olhai a todos nós, pecadores, perdoando-nos as faltas, fortalecendo os nossos Espíritos. Não nos deixeis ofender o nosso semelhante, porque assim estaremos indo contra as Vossas leis. Fazei com que a semente do perdão germine em nós, se alguma ofensa nos atingir. Não nos deixeis cair em tentação, fazei, Senhor, que sejamos fortes diante dela e que a enfrentemos hoje e sempre sem medo, firmes na fé e no amor.

Livrai-nos dos caminhos das facilidades que geram a maldade nos Espíritos invigilantes. Que todos os convites ao erro sejam desviados de nós, para que possamos vencer todas as dificuldades e, com coragem e fé, buscar os trabalhos do Senhor. E quando o desânimo nos tentar barrar os passos, que Jesus, o peregrino do Amor, venha a nós com o Seu cajado de luz, clareando a estrada tortuosa que os nossos erros constroem no decorrer das nossas existências.

Senhor, seja feita a Vossa vontade, no mundo espiritual e no mundo físico, e que todos busquem a vida e a verdade do Caminho de vosso Filho, Jesus Cristo."

(*Universo de Amor*, Cap. XVIII)

15

# Preces pelos Espíritos endurecidos

"Os maus Espíritos são aqueles que ainda não foram tocados de arrependimento; que se deleitam no mal e nenhum pesar por isso sentem; (...)Há neles, entretanto, um gérmen latente que é preciso fazer desabrochar, o que se consegue quase sempre por meio da perseverança, da firmeza aliada à benevolência, dos conselhos, do raciocínio e da prece."

*O Evangelho Segundo o Espiritismo*, Cap. XXVIII

"Jesus, Espírito Puro e Amigo, que prometeu nos guiar pelos caminhos da vida e da virtude, ajude-nos, Senhor, a dar a este irmão a vida verdadeira no bem e na verdade.

Faça, Pastor Amigo, que as bênçãos do Alto caiam sobre esta alma ainda doente, a fim de conseguirmos recuperar este irmão tão perturbado, mas que já teve a felicidade de ser socorrido pela Sua Bondade.

Ajude-nos, Jesus, faça-se presente nesta hora, dando-nos forças e fazendo das nossas mãos instrumentos do alívio e do socorro. Assim seja."

(*Na Esperança de Uma Nova Vida*, Cap. XXVIII)

"Maria, Mãe Amiga, abrigai em Vossos iluminados e amigos braços aqueles que ainda se encontram endurecidos. Querida Mãe, perdoai a todos os que ainda Vos desconhecem como a força que ampara e refrigera os Espíritos doentes e famintos de amor.

Aqui estamos, Senhora, caminhando, a cada momento sobre pântanos, espinheiros e outras dificuldades que se acumulam à nossa frente. Não nos deixeis cair no erro do medo e da preguiça. Levantai-nos, fazendo-nos conscientes de que este é o caminho do Vosso Filho. Sabemos que neste dia em que muito recebemos Vós também recebestes os filhos caídos e maltratados pelos quais esperastes há tanto tempo!

Maria de Nazaré, recebei as nossas preces de agradecimento por tudo o que o Pai nos oferece, através de Jesus e de Vós, Mãe dos Espíritos doentes e junto a eles nós nos encontramos, louvando a felicidade de ter-Vos como Mãe. Obrigado, Senhora."

(*Os Miosótis Voltam a Florir*, Cap. V)

"Deus, Criador incriado de todo o Universo, cuja presença está em toda parte, desde o pináculo do monte até o lodaçal do solo, protege-nos a todos, faze brilhar o sol onde há trevas; faze, Senhor, brotar as flores onde só há espinhos.

Deus, faze secar as lágrimas nos olhos faiscantes de ódio. Deus, faze com que a brisa chegue até os Espíritos revoltados e desesperados. E a nós, que nos propusemos a ajudá-los, que tenhamos mais amor e mais equilíbrio para ampará-los em nossos braços. Assim seja."

(*Universo de Amor*, Cap. XIV)

# 16

# Preces por uma Casa de Oração

"(...)Todas as instituições humanas (...) religiosas que se apoiarem nessas palavras [de Jesus] serão estáveis como a casa construída sobre a rocha. Os homens as conservarão, porque se sentirão felizes nelas.(...)"

*O Evangelho Segundo o Espiritismo*, Cap. XVIII

“Senhor, abençoai este recanto, fazei dele um relicário da Vossa paz. Dai aos que o buscam a serenidade e a luz do Vosso caminho. Fazei com que as almas que aqui cheguem sintam o perfume da querida Mãe que os enlaça com braços carinhosos e amigos, para que todos sejam beneficiados. Que a cura dos nossos Espíritos se perpetue até a eternidade, quando encontraremos a paz.”

(*Driblando a Dor*, Cap. I)

“Mãe amada, flor de Deus, obrigado pela oportunidade obtida nesta Casa de Deus, onde venho recebendo as elucidações para o meu Espírito. Ontem cheguei, estropiado e perdido de saudade, mas hoje, divisando novos horizontes, só posso agradecer por tudo o que venho recebendo. Queira Deus que eu, Seu filho pecador, tenha no Espírito a lucidez para não alterar tudo o que venho aprendendo e levar aos meus irmãos ainda no plano físico.

Cada alma é um abraço de Jesus, o Mestre, em nós, Seus irmãos pequenos. Maria de Nazaré, orai pelos que Vos perseguem e caluniam e fazei de cada um, que aqui vem buscar o conhecimento, um instrumento do Vosso amor e da Vossa paz.”

(*Cascata de Luz*, Cap. XXIII)

# 17

## Preces gerais

"Pela prece, obtém o homem o concurso dos bons Espíritos que acorrem a sustentá-lo em suas boas resoluções e a inspirar-lhe idéias sãs. Ele adquire, desse modo, a força moral necessária a vencer as dificuldades e a volver ao caminho reto, se deste se afastou.(...)"

*O Evangelho Segundo o Espiritismo*, Cap. XXVII

“Jesus, aqui estou, com esperança de evoluir para chegar ao Pai.

Ajuda-me, Senhor, meu amigo, a ter coragem para deixar e esquecer as coisas da Terra, encontrar na espiritualidade o meu novo lar e dentro dele lutar pela paz em todos os lares. Assim seja.”

(*Na Esperança de Uma Nova Vida*, Cap. XVIII)

“Pai, meu Senhor, Amigo, ajuda-me para que eu possa compreender as coisas que encontro neste novo mundo.

Dá-me força para que a minha alma culpada de erros passados possa encontrar no amor o refúgio sagrado para o trabalho fraterno.

Deus, não importa onde Tu Te encontras e se ainda não Te vejo, mas se ontem eras para mim um mistério, hoje, vivendo e trabalhando, sentindo-me vivo e bem vivo após a morte do corpo, como posso duvidar da Tua Bondade e do Teu Amor? Abençoa-me, ó Deus.”

(*Na Esperança de Uma Nova Vida*, Cap. XXVIII)

“Deus, Pai Amado e Amigo, Seus filhos, de mãos dadas, unem-se para agradecer cada instante de trabalho na seara do bem ao próximo.

Senhor Deus, o mundo chora, mas a presença do Seu Filho Querido — Jesus — é bálsamo e remédio para todas as dores. Muitos homens ainda endurecidos O ignoram, mesmo assim, almas pecadoras de ontem estão reunidas para lutar pela melhoria de cada ser e trabalhar no alívio dos tormentos.

Pai, nossos corações estão repletos de esperança, pois sabemos que amando seremos amados, compreendendo o mundo de hoje seremos compreendidos no mundo de amanhã, que a dúvida que hoje assalta os homens, deixando-os insensíveis ao Seu chamado, amanhã deixará de existir, para que a certeza brilhe como o Sol depois das tempestades; que a impiedade que domina os seres, fazendo-os investir contra os próprios irmãos, será transformada em perdão, através de exemplos vivos dos missionários.

Senhor, ajude-nos a afastar-nos da escuridão da dependência dos vícios para a luz da liberdade, porque o mundo da droga é um mundo de mentira, um pesadelo com o verniz dos sonhos.

Auxilie-nos a descobrir em cada companheiro de aprendizado neste Planeta a verdade da Sua existência e da força dos Universos, desmascarando os mentirosos do falso prazer.

Deus de Bondade, a união deve ser a meta dos que guerreiam contra o próprio espírito, desejando aprisioná-lo nas cadeias tenebrosas dos vícios.

Que o homem de hoje possa descobrir as flores, a beleza das estrelas, o azul dos céus, os campos floridos, os alimentos que a Natureza lhe oferece, a brisa, a lua, o sol, a terra fértil, enfim, Senhor, tudo que de graça nos dá, compreendendo, por fim, que o Senhor é a própria Humildade.

Deus, Pai Criador do Céu e da Terra, nós O amamos."

(*Ninguém está Sozinho*, Cap. V)

"Deus, como Te agradeço o perdão para o meu Espírito, amparando-me na estrada da vida com amor de Pai, nas horas das dores e das alegrias!

Deus de bondade, hoje encontro-me junto de amigos. Nada fiz para merecer tanto, porém, Senhor, desejo de todo o coração ser digno deles. Quando deixei a Terra julguei morrer em mim a alegria e a fé, mas, Pai Amado, quando o desespero quis de mim se apossar, senti a Tua mão erguendo-me com muita força e muito amor.

Hoje, meu Deus, com as mãos no rosto para reter as lágrimas, só posso dizer, eu, o menor dos Teus filhos: sinto-me enriquecido e feliz por ter-Te encontrado neste caminho de paz e de esperança."

(*Ninguém está Sozinho*, Cap. X)

"Maria, Mãe de Jesus, Imaculada mulher que, amparando uma criança sublime, não deixou de amar e orar por todos nós, pecadoras crianças.

Maria, neste instante presenciamos o Vosso amor comandando as falanges socorristas, amparando os que resvalaram nos erros, os corações enegrecidos pelo ódio, todos eles por Vós recolhidos e tratados.

Não podemos, Senhora, deixar de pedir por todos os médiuns, que tudo fazem ao entrar em uma câmara de desobsessão, para aliviar um Espírito atormentado.

Sabemos, Maria, que por detrás de cada cruz de sofrimento a Vossa rosa de esperança está humildemente a perfumar, dando-nos coragem e fé. Em nome, Maria, de todos nós que aqui nos encontramos, recito, bem baixinho, esta oração, não desejando mais nada, porque tudo temos quando humildes trabalhos executamos, silenciosamente, sem arautos, apenas por amor, só por amor. Obrigado, Maria de Nazaré, Mãe querida de todos nós!"

(*Os Miosótis Voltam a Florir*, Cap. XII)

"Jesus, peregrino de bondade, vinde a nós, precisados que estamos da Vossa presença.

Senhor, somos aqueles irmãos que lutam para aliviar as dores, sabendo que mais estamos a receber, praticando atos tão sublimes de caridade. Ajudai-nos, Médico dos médicos, no alívio às almas doentes e famintas de amor. Fazei, Jesus, dos nossos corações, oásis de paz e amor para aqueles que fizeram do próprio coração labaredas de ódio e orgulho.

Se desejarmos receber mais do que merecemos, fazei, Rabi da Galiléia, que a imagem cristalina da Vossa pureza reflita em nossas consciências os erros já cometidos e que ainda temos de podar.

Amigo Jesus, todos aqui presentes já Vos encontraram nas sementes que germinam, nos botões que se abrem, nos frutos saborosos, nas águas tranqüilas dos riachos e, se ainda não sabemos agradecer ao Pai, perdoai-nos, Irmão querido, mas pedi por todos nós, como fizestes quando Vos pregamos em uma cruz.

Hoje, julgamos que tudo sabemos, mas ainda falta muito para amar verdadeiramente, com o amor que dedicais a todos nós, os Vossos pequenos irmãos. Graças, graças, Jesus de Nazaré, filho de Deus."

(*Os Miosótis Voltam a Florir*, Cap. XIII)

"Senhor Jesus, aqui reunidos sob a proteção de Deus, elevamo-nos até Vós, não para pedir, mas, sim, para agradecer, pois, simples e humilde, não tendo uma campa para repousar, repousaste no colo de toda a Humanidade, como irmão, como companheiro. Às vezes, Jesus, tivestes de multiplicar os pães, para que no mundo houvesse menos famintos. Em outras ocasiões, Senhor, mitigastes a sede, não só da samaritana, mas das almas mais sedentas de paz e de amor. Caminhastes, Senhor, por caminhos tortuosos, tirando com as próprias mãos as pedras e os espinhos, aliviando para os Vossos irmãos as pesadas jornadas. Senhor Jesus, tivestes de Vos curvar carregando a cruz, demonstrando-nos que, quando amamos, o jugo é leve e o fardo, suave.

Muitas vezes, recitastes o Pai Nosso, um hino de agradecimento Àquele que é Poder e Bondade. Hoje, recitamos bem baixinho esta prece na qual os nossos lábios, com imperfeição, tentam dizer o que os nossos corações desejam que seja ouvido por Vós.

Meigo Senhor, graças Vos damos pelo amor e pelo exemplo de fé legado a todos nós, Espíritos em evolução. Assim seja."

(*Os Miosótis Voltam a Florir*, Cap. XVI)

"Senhor, nada sou diante de tanta grandeza, mas feliz me encontro em saber que sou Seu filho e que posso chegar um dia aos Seus braços, através de ínfimos trabalhos."

(*Um Jardim de Esperanças*, Cap. XII)

"Bendito sejas, Senhor, por me ter colocado no caminho do amor, no qual precisamos abraçar o nosso semelhante, sem nos preocupar com o seu grau evolutivo, mas apenas desejando demonstrar aos outros quanto amor temos dentro de nós."

(*Mãos Estendidas*, Cap. IV)

"Senhor Jesus, por bondade, a pregação do Evangelho foi confiada a homens falíveis e não aos anjos, para que compreendêssemos que precisamos conviver com a dor, o erro e o desespero, para sermos animados a crer que o poder é de Deus, que só auxiliando o próximo poderemos auxiliar-nos também e que devemos compadecer-nos dos ignorantes e daqueles que erram.

Agradecemos, Senhor, aos Teus Benfeitores Espirituais que nos oferecem trabalho, trabalho este de Te apresentar às almas perplexas pela dúvida, oprimidas pelas fraquezas, débeis na fé. Chegamos a elas como homens que somos, mas colaboradores dos anjos celestes, para levar até os homens as verdades deste mundo onde vivemos. Eles se comprazem, Senhor, em poder falar por meio de nossa voz, pois sopraremos onde um livro nosso se fizer presente.

Como chamaste os pescadores da Galiléia, Senhor, chamas ainda os trabalhadores de boa vontade, e feliz de quem Te ouvir.

Desejo, Senhor, que aqueles que me buscam possam compreender as minhas palavras e que cada um seja aquinhoado com o poder divino, e que Tu, Senhor Jesus, possas habitar em cada coração, para que o homem se torne proficiente no bem.

Não me deixes sem trabalho, Senhor, quero sempre abraçar cada companheiro, lembrando-lhes que quando Tu chamaste os apóstolos, conhecias as limitações de cada um deles, mas no dia-a-dia, contemplando a Tua ternura, eles aprenderam as lições da humildade e da paciência. Abriram o coração e tornaram-se não somente ouvintes, mas cumpridores das Tuas palavras. Portanto, Mestre Amado, sei que não Te afastarás de nós por causa das nossas fraquezas e dos nossos erros.

Senhor, peço-Te por toda a Humanidade, principalmente pelos mais endurecidos, para que eles despertem; que as vendas do orgulho e da ganância se desprendam de seus olhos e que Tu, Senhor, surjas, mais uma vez, em busca de todos os Teus irmãos. Assim seja."

(*Deixe-me Viver*, Cap. XXVIII)

"Obrigado, Mestre, pela paciência com os Teus imperfeitos irmãos. Muitos lutam para colocar os pés nas Tuas pegadas, mas sabemos que, quando nos faltam forças, voltas para nos buscar. Com carinho nos repetes uma por uma as Tuas parábolas, mas muitos de nós ainda temos dificuldade para entender-Te. Mesmo assim, sabemos que não nos deixas cair em tentação quando Te pedimos socorro, Mestre querido, filho de Deus que não caíste em erros, permaneceste puro por séculos e séculos, até a eternidade, enquanto nós ainda temos no coração as lembranças dos muitos reinos por onde passamos, principalmente o reino animal.

Mestre, sabemos que estás ao nosso lado, dizendo: vinde a mim. Obrigado, muito obrigado, ajuda-nos a nos tornarmos dignos do chamado de hoje, porque muitos já foram rejeitados. Obrigado, Mestre de todos nós."

(*Dois Mundos tão Meus*, Cap. XXIX)

"Mestre Jesus, Divino Rabi da Galiléia, recordamos os Teus atos de coragem no jardim de Getsêmani; suportaste a agonia da indiferença dos apóstolos, quando os convidaste a orar e a vigiar, já prevendo a angústia da traição e do abandono de Teus discípulos.

Quanta fé divisamos em Teu rosto, ao seres levado até Anás, Caifás, Pilatos e Herodes! De um insulto a outro, ouvias as zombarias e sentias os açoites, mas mesmo assim permaneceste fiel ao Pai Todo-Poderoso. A fé não Te deixava fracassar e Teu silêncio era o perfume da Tua dignidade. Portavas-Te com firmeza e serenidade.

Filho dileto de Deus foste Tu, Jesus, principalmente quando colocaram em Teus ombros a cruz de Barrabás. Quanto peso carregaste, pois sobre ela se encontravam todas as cruzes dos Teus falidos irmãos, cujos erros vieste à crosta terrena amenizar. Dizem que caíste desmaiado, entretanto nós Te vimos sereno e sobretudo confiante no Pai. Tiveste por momentos a ajuda de Simão, que voltava do campo. Que bênção, Senhor, recebeu Simão, e quanta lição nos deixaste com este gesto: todos nós precisamos de ajuda!

Não obstante a ação da massa enfurecida e as duras palavras dos sacerdotes e príncipes, o Teu semblante era de paz e de perdão. Com amor fitaste as mulheres que Te seguiram corajosamente; elas nada temiam, tamanha a fé de cada uma. E o povo gritava: 'Crucifica-O! Crucifica-O!' enquanto isso, buscavas com amor os olhos de Maria, desejando reclinar Tua cabeça para ser afagada pelas Suas abençoadas mãos. Contudo, não Te foi concedido este privilégio. Uma queixa sequer murmuraste. Teu rosto continuava calmo e sereno. Ninguém Te dizia uma só palavra de carinho. O suor Te banhava o rosto belo e radiante.

À medida que os soldados executavam as ordens dos sacerdotes, oravas por todos os Teus algozes: 'Pai, perdoai-lhes, porque não sabem o que fazem'. Nenhum ódio, nenhuma vingança pediste; ao contrário, apiedaste-Te deles por serem tão ignorantes e culpados. Hoje, Senhor, os anos se passaram e permaneces abrigando cada ovelha do redil do Pai, preso sobre a cruz de cada pecador, tendo sempre os braços abertos para nos abraçar quando Te buscamos.

Quantos açoites ainda recebes da Humanidade materialista, mas Tuas mãos prosseguem nos abençoando; ainda teimamos em mantê-las cravadas na cruz; Tua amada cabeça continua ferida pela coroa de espinhos, que são a falta de moral, os vícios, a perversão sexual, enfim, Jesus, a degeneração da família. Teus lábios trêmulos parecem sussurrar para cada um de nós: *meus irmãos, que as gotas de sangue que correm da minha fronte, das minhas mãos e dos meus pés não tenham sido derramadas em vão, porque elas foram gotas do orvalho divino caídas para despertar a Humanidade, destruindo a morte e abrindo as portas da Espiritualidade, onde o Pai espera por todos os Seus filhos. Ele me deu o poder de acalmar as ondas revoltas, de curar os enfermos, de ressuscitar os mortos. Ele, o Pai, é Grande, Rei de todas as criaturas por Ele criadas, portanto, oremos sempre ao Senhor, como filhos que somos*. Assim seja."

(*Dois Mundos tão Meus*, Cap. XXXIII)

"Senhor, tem piedade do nosso Espírito que, faminto e desesperado, deixou a veste física em busca da beleza espiritual e que jaz neste leito à espera de uma nova vida; que o nosso amanhã encontre as flores sorridentes de orvalho e as heras brilhantes pelo sol;

que o nosso Espírito, ainda peregrino, segure as mãos estendidas até nós, para nos levantarmos com fé em Ti, Pai amado. Ajuda-nos Senhor!"

(*Na Hora do Adeus*, Cap. X)

"Senhor, cujos olhos penetram o abismo da consciência humana, mesmo que nela esteja oculto algo que não quer confessar. O homem pode esconder-se de si mesmo, mas nunca poderá esconder-se de Vós, Senhor. Agora, que a carcaça da carne ao pó retornou, nossos gemidos dão testemunho do quanto desagradamos os Vossos olhos.

Vós, Senhor, iluminastes a Terra e os seus habitantes com a luz do Vosso olhar, mandastes as Vossas leis, e o homem preferiu o bezerro de ouro. Ainda acreditando na perfeição dos Vossos filhos, mandastes à Terra o Vosso primogênito, o nosso amado Jesus, Mestre e irmão da Humanidade. Mesmo assim, ainda não desejamos conhecer-Vos, Senhor, mas Vós nos conheceis tal qual somos. Não adianta confessarmos com palavras, com a voz da carne, os nossos erros; precisamos, Senhor, usar as palavras da alma, com os gritos do pensamento, pois que Vossos ouvidos já tão bem conhecem cada um dos Vossos filhos.

Também sabemos, Senhor, que como abençoais os justos, assim, ó nosso Deus, desejamos que nos perdoeis os erros cometidos, por não obedecermos às Vossas leis.

Aqui nos encontramos para nos dirigirmos a esses nossos irmãos que, como nós, um dia também desrespeitaram as Vossas leis e foram para a cadeia da carne. Pedimos que, neste momento, em que vamos conversar com os nossos irmãos, eles sintam que lhes declaramos a verdade.

Gostaríamos que, para cada aluno desta Casa divina, pudéssemos provar que falamos a verdade, e que eles nos ouçam; contudo, sabemos que aqueles a quem a caridade já abriu os ouvidos acreditarão em nós. Mas ainda, Senhor, pedimo-Vos misericórdia para todos os que foram chamados de Espíritos maus, que ainda desconhecem o único caminho que nos conduz a Vós: a caridade. Alguns, que aqui se encontram, nos conhecem, outros não; ou, então, simplesmente ouviram falar de nós ou a nosso respeito alguma coisa, mas os seus ouvidos não nos auscultaram o coração, no qual somos o que somos no nosso interior, para onde não podem lançar o olhar, o ouvido ou o espírito. Querem, contudo, ouvir-nos, dispostos a acreditar que a caridade é que nos torna justos, é ela que nos faz acreditar em Vós e em nós mesmos. O Espírito que não busca a caridade está sujeito à morte, pois peregrina no mundo, sempre em busca das coisas temporais, esquecendo que tudo o que há no plano físico a Vós pertence. E quem já Vos foi apresentado, nosso Deus amado, não pode viver apegado aos aplausos, à glória e às riquezas, porque o amigo Mestre, Jesus Cristo, ensinou que quem O seguisse no caminho da vida, estes seriam os Vossos servos, os irmãos de Jesus. A Ele, Senhor Deus, nos mandastes servir, se quiséssemos viver em Vós e convosco. E Jesus, o Vosso Verbo, foi à frente com obras, atapetando o chão, antes repleto de espinhos, com as rosas da Vossa bondade.

Deus amado, que estais em nós, ainda que não estejamos convosco, prometemos revelar a Vossa bondade àqueles a quem nos mandais servir, mesmo que não nos acreditem, como irmãos que somos. Eles podem até nos atirar pedras, caluniar-nos, mas somente Vós, Senhor, podeis julgar, porque ninguém conhece o que se passa no íntimo de cada um, a não ser o Espírito que nele reside e Vós, Deus amado.

Homens que somos, ainda não libertos das tentações, imploramo-Vos que nos ajudeis a curar-nos da imperfeição. Para isso, oferecemo-Vos o que temos de melhor: ir até os confins do planeta para levar a Vossa mensagem de amor. Queremos ultrapassar a força que nos prende ao corpo perispiritual e encher os nossos Espíritos de amor. Queremos, Senhor, transportar esta força do amor, subindo degrau por degrau até Vós, Deus, que nos criastes, e esquecer o dia em que nos distanciamos de Vós, procurando novamente ouvir a Vossa voz.

Sabemos, Senhor, que não esquecemos as dores passadas no corpo; não é de admirar, porque fomos durante muito tempo apegados a ele. Hoje, queremos que o nosso Espírito esqueça as tristezas passadas e busque na memória a alegria nela contida, de modo que os nossos Espíritos se regozijem com a oportunidade que ainda nos ofereceis, através do trabalho de levar até os encarnados os nossos conhecimentos. Permiti, Senhor, que levemos mais além as nossas investigações, e que essas tarefas jamais sejam perturbadas; que todos nós, aqui presentes, não venhamos a ser transformados em adivinhos ou feiticeiros.

Ainda que narremos os acontecimentos verídicos do passado, lembremos que vamos, até o plano físico, ensinar ao encarnado a respeitar a vida e a não temer a morte do corpo material, que nos foi confiada a tarefa de levar até os homens encarnados o remédio para torná-los melhores, não para envaidecê-los.

Não é nossa tarefa predizer o futuro — que equivale ao fenômeno de se apresentar ao Espírito as imagens das coisas que ainda não existem. De qualquer modo, que saibamos evitar que esses fatos tenham lugar em nossos trabalhos. Ora, o que já existe não é futuro, mas presente, e o presente, triste ou violento, é o presente, e não é a finalidade das tarefas espíritas prever o futuro. Os antigos profetas prediziam os acontecimentos, mas aos espíritas foi feito o chamado, e cada um tem de tornar-se digno desse chamado, não deixando para trás o momento sublime de suas vidas: o de servir.

Recordamo-nos de Mateus, que contava as suas moedas, quando o Cristo o chamou. Assim somos nós: o Cristo nos chamou e Vós, Senhor Deus, nos esperais."

(*Ensina-me a Falar de Amor*, Cap. XXII)

"Senhor, não sou digno de aqui estar, presenciando tal beleza, porém me proponho a realizar o meu trabalho, enfrentando obstáculos e, mesmo ferido, jamais deixarei de prosseguir em minha tarefa. Fortalecei a médium com quem trabalho e não nos deixeis à mercê de mentes perturbadas. Ajudai-nos, Senhor, a prosseguir a caminhada para, ao final da tarefa, colocar o cajado aos Vossos pés. Ajudai-nos, Jesus, afastando de nós todos os ventos da discórdia e dos inimigos da Doutrina Espírita, que tudo fazem para desmoralizá-la.

Temos a certeza, Senhor, de que de hoje em diante nada deterá nossos passos, pois bem sabemos que fomos chamados para recrutar companheiros para Sua festa de núpcias — Suas bodas — , que bem sabemos ser a hora em que, como Governador do Planeta, recebereis de Deus a nova Terra regenerada. Ajudai-nos, para que estejamos bem vestidos, e que nossa veste nupcial esteja impecável para a cerimônia. Sabemos que outros colegas, irmãos nossos, mesmo convidados, não serão escolhidos para esse momento tão grandioso para a Terra, pois não escutaram as palavras do Senhor e não lavaram a veste no sangue do Cordeiro, que significa: encarnando e desencarnando, nada fizeram para melhorar."

(*Mais Além do Meu Olhar*, Cap. 2)

18

# Prece para afastar alguém do suicídio

"A calma e a resignação hauridas da maneira de considerar a vida terrestre e da confiança no futuro dão ao espírito uma serenidade que é o melhor preservativo contra (...) *o suicídio.*(...)"

*O Evangelho Segundo o Espiritismo*, Cap. V

"Deus, como sois poderoso em tão bem nos compreender! Se hoje nada desejamos, amanhã, em busca de algo nos encontraremos e assim, Pai, ides compreendendo as nossas fraquezas e não nos ofertando algo por ofertar e sim, quando já adultos, soubermos o que desejamos.

Hoje, Senhor, peço-Vos por todos aqueles que vivem duras e cruéis realidades e estão em vias de deixar tudo para trás através do suicídio. Fortalecei, Senhor, os Seus protetores para que possam segurar bem firme essas almas em desespero".

(*Mãos Estendidas*, Cap. V)

# 19

# Prece para despertar a bondade

"O homem de bem é bom, humano e benevolente para com todos, sem distinção de raças, nem de crenças, porque em todos os homens vê irmãos seus."

*O Evangelho Segundo o Espiritismo*, Cap. XVII

"Pai, amigo de todos nós, amparai-nos na caminhada. Quando nossos pés sangrarem e cansados nos sentirmos, não nos deixeis implorar descanso, mas fazei presente em nossos corações o Vosso amor, porque, só assim, serviremos esquecidos de nós.

Pai, permiti aos Vossos filhos pecadores a força de transformar as areias do desespero e os ventos das dores em coragem para vencer a longa estrada que nos espera.

Senhor Deus, Criador incriado, Uno e Indivisível, fazei de cada ser que passou pelas Vossas mãos imaculadas tochas luminosas para clarear os recantos escuros do ódio.

Senhor, dentro de nós existe uma fagulha, mesmo minúscula, de bondade, fazei que ela se desenvolva através do trabalho de amor a todos os sofredores."

(*Os Miosótis Voltam a Florir*, Cap. VIII)

20

# Prece para evitar um aborto

"Somente depois de terem passado pelas provas da vida corpórea, chegam à perfeição os Espíritos. Os que se encontram na erraticidade aguardam que Deus lhes permita volver a uma existência que lhes proporcione meios de progredir, quer pela expiação de suas faltas passadas, mediante as vicissitudes a que fiquem sujeitos, quer desempenhando uma missão proveitosa para a Humanidade.(...)"

*O Evangelho Segundo o Espiritismo*, Cap. XXVIII

"Senhor, tem piedade de quem pratica o aborto, mas tem piedade maior daqueles que podem evitar esse assassinato e permanecem indiferentes, por julgar que em um feto não existe vida. Os aborteiros, pelo dinheiro fácil, estão violentando as leis da Natureza.

Senhor, por caridade, faze descer sobre todo o Planeta a luz do esclarecimento, para que os homens deixem nascer aqueles que se submetem a toda uma trajetória de reencarne e depois são assassinados a sangue frio por seres sem fé e sem amor. Apieda-Te de todos nós e faze de cada homem um instrumento da Tua paz."

(*Deixe-me Viver*, Cap. VII)

# 21

# Prece para fortalecimento da família

"(...)Com a pluralidade das existências, inseparável da progressão gradativa, há a certeza na continuidade das relações entre os que se amaram, e é isso o que constitui a verdadeira família."

*O Evangelho Segundo o Espiritismo*, Cap. IV

"Senhor, não sou digno de recebê-Lo em minha casa, mas fazei com que os meus entes queridos Lhe descubram a face oculta repleta de amor aos pobres e mendigos da vida.

Ao entrar, Jesus, em meu lar e não encontrar ninguém que com desprendimento possa lavar-Lhe os pés com o mais caro perfume e enxugá-Lo com a mais branca toalha, num gesto de caridade, perdoe-nos, Senhor, nós pouco ainda sabemos o que fazemos. Desejaríamos possuir não só a pequenez física de Zaqueu, mas a sua humildade, pois mesmo sendo rico não relutou em dividir seus bens com os pobres e ainda ofereceu a lição de que o conforto nada é quando estamos sozinhos, longe dos preceitos cristãos.

Oh, Jesus, beijo as Suas mãos que tanto vêm segurando as minhas e as da minha família cristã, e se algumas vezes não compreendemos os Seus anseios de Irmão mais velho, perdoe-nos, Senhor, mas jamais nos deixe perdidos neste mundo de ilusões, onde o tilintar das moedas é fardo por demais pesado na passagem pelo túmulo — porta estreita por onde só os desprendidos terão oportunidade de contemplar a Sua beleza.

Afaste de nós, Senhor, a soberba, o egoísmo, a vaidade, a avareza, a maledicência, o ódio, o amor próprio, a ganância — demônios que não só deterioram os nossos Espíritos, como nos afastam de Deus.

Jesus, às vezes me vejo cambaleante, não pelo peso da minha cruz, mas porque envergonhado me sinto ao olhar a minha família — que é toda a Terra — e deparar com a violência, o ódio, a promiscuidade, mais ainda quando encontro o olhar dos ditos cristãos e percebo neles o ódio e a falta de fé. Suas chagas machucam-me por demais, Senhor, principalmente por sentir nelas as Suas benditas mãos, dando-me a certeza de que me guiaram nas veredas da vida física e hoje embalam-me por ser eu ainda um bebê, precisando de alimentos leves para não sucumbir diante de tristes verdades.

Eu o amo Jesus, não porque é meu amigo, mas porque permitiu que a Terra nos servisse de lar, quando a sarjeta do remorso era a nossa casa, e a dor, o alimento dos nossos Espíritos.

Obrigado, Senhor, em meu nome e no da minha família."

(*Chama Eterna*, Cap. 37)

# 22

## Prece para livrar-se de um vício

"(...) Todas as virtudes e todos os vícios são inerentes ao Espírito. A não ser assim, onde estariam o mérito e a responsabilidade? (...) Compenetrai-vos, pois, de que *o homem não se conserva vicioso, senão porque quer permanecer vicioso;* de que aquele que queira corrigir-se sempre o pode.(...)"

*O Evangelho Segundo o Espiritismo*, Cap. IX

"Senhor Jesus, irmão de todos os dias e de todas as horas. Necessito de Ti, amigo dos pobres e estropiados do caminho. Tu disseste, Senhor: *Não convides os teus parentes e amigos e, sim, os pobres e estropiados para a tua mesa*, e estes somos nós, os viciados, os dependentes de qualquer vício, pois maltrapilhos estamos, tendo as vestes marcadas pelas dependências que acumulamos em nós.

Hoje, Jesus, prostrados aos Teus pés, imploramos perdão a Deus, se não soubemos usar o nosso livre-arbítrio e prisioneiros ficamos das trevas. Mas Tu, que és luz e desceste aos infernos, conhecendo os Umbrais, sabendo que o ranger de dentes são os remorsos das nossas consciências culpadas, possuis a bondade para transformar as nossas consciências em esperança de Te servir.

Ampara, Senhor, os doentes do corpo e da alma, que ainda não Te enxergam. Perdoa-os, eles não sabem o que fazem porque estão a destruir muitas vidas — não só a deles, como muitos pensam, mas a vida em todo o Planeta, que necessita de todos para sobreviver na paz e no amor.

Senhor, como Madalena, a quem perdoaste os pecados, oferecendo-lhe a mão, espero eu, uma alma também pecadora, receber a Tua e, apoiando-me nela com força, segurar outras mãos que desesperadamente se debatem nas picadas e nos baseados da vida.

Ajuda-nos, Senhor, pelo amor de Deus. Nós precisamos de remédio e de amor, não de críticas e de pancadas. Ampara, Senhor, os homens, para que eles compreendam que os doentes precisam de médico e os pobres e estropiados necessitam banquetear-se nas mesas nas quais o pão do Evangelho se faz presente, não lhes negando o direito de salvação — o pão da vida eterna. Assim seja".

(*Ninguém está Sozinho*, Cap. XIII)

# 23

## Prece para os Médiuns

"A mediunidade é coisa santa, que deve ser praticada santamente, religiosamente.(...)"

*O Evangelho Segundo o Espiritismo*, Cap. XXVI)

“Jesus, médium de Deus, abraça os Teus irmãos que lutam para viver na Terra e na Espiritualidade, oferecendo o seu corpo para aqueles que deixaram os seus nos canteiros da vida. Dá-lhes, Senhor, a humildade do Teu coração, a pureza dos Teus olhos, a mansuetude das Tuas mãos e a firmeza dos Teus pés. Dá, Senhor, a cada médium a certeza da Tua verdade, porque o médium que deseja servir está acima de qualquer fantasia. Que a força de Deus paire sobre todos esses Espíritos devotados que lutam pela felicidade dos que os procuram. Assim seja.”

(*Mãos Estendidas*, Cap. XX)

# 24

# Prece para quem estiver julgando-se vítima de mentes doentias

"Os maus Espíritos somente procuram os lugares onde encontrem possibilidades de dar expansão à sua perversidade. Para os afastar, não basta pedir-lhes, nem mesmo ordenar-lhes que se vão; é preciso que o homem elimine de si o que os atrai.(...)"

*O Evangelho Segundo o Espiritismo*, Cap. XXVIII

“Rogamos a Jesus que todas as falanges do amor levem para longe as revoltas e os ódios; que os tropeços, os embaraços e as maldades sejam levados pelas mentes amorosas e amigas do bem; que todos aqueles que praticam o mal recebam de Jesus a bandeira branca da paz; que as mãos atrofiadas pelo ódio sejam purificadas pelas lágrimas piedosas da Mãe de todos nós: Maria.” (Para ser proferida ao nascer do sol)

(*Os Miosótis Voltam a Florir*, Cap. VIII)

## 25

# Prece para ter entendimento

"(...)Ai do espírito (...) que cerra o seu entendimento! Ai dele! porquanto nós, que somos os guias da Humanidade em marcha, lhe aplicaremos o látego e lhe submeteremos a vontade rebelde, por meio da dupla ação do freio e da espora. Toda resistência orgulhosa terá de, cedo ou tarde, ser vencida.(...)"

*O Evangelho Segundo o Espiritismo*, Cap. IX

"*Deus, Pai de Bondade, perdoai-lhes, eles não sabem o que fazem*, pediu Jesus há dois mil anos e até hoje não sabemos que os atos errados nos ferem e nos destroem. Quando à Terra veio, Jesus ensinou a cada um de nós o respeito para com o próximo e isso só entenderemos quando soubermos respeitar a nós mesmos.

Pai, Jesus também disse que nem tudo poderia ser dito e que o Consolador viria tudo esclarecer, pois mais adultos nos encontraria.

Hoje, Senhor, recordamos a parábola de Jesus. Ele nos disse que o mal é o que sai pela boca e não o que entra. Não compreendendo essas palavras, muitos envenenam o corpo carnal.

Senhor, meu Deus, perdoai-lhes pela blasfêmia. Jesus quis Se referir aos alimentos e às palavras. Jamais o Mestre nos aconselhou a ingerir venenos que mutilam o corpo fluídico e retardam nossa evolução. Ele quis nos dizer que o que entra pela boca só faz mal a nós mesmos; que o veneno nos torna suicidas e o suicida geme e chora no vale das sombras. O que sai da boca faz mal ao próximo, pois se o nosso corpo celeste se encontra repleto de impurezas, como poderemos oferecer algo de útil aos semelhantes?

Ajude-nos, Pai de Bondade, fazendo-nos entender as parábolas do Mestre Jesus, o Professor-Maior, que veio à Terra nos ensinar o amor."

(*Ninguém está Sozinho*, Cap. VII)

# 26

## PRECE PARA UM PALESTRANTE

"(...) Para todos os sofrimentos, tende, pois, sempre uma palavra de esperança e de conforto, a fim de que sejais inteiramente amor e justiça."

*O Evangelho Segundo o Espiritismo*, Cap. XI

"Jesus, querido amigo, companheiro de todas as horas, neste instante, quando presenciamos alguém que luta para amenizar dores, sabemos que Vós não fundastes igreja que divide as criaturas, mas que o Vosso Templo é o Universo de Deus, onde caminhamos, sempre ajudados à medida que auxiliamos os nossos semelhantes.

Pedimo-Vos, amigo, pelo irmão que pronunciará, dentro de instantes, palavras de alerta àqueles que têm sob sua responsabilidade crianças, jovens e adultos; sede para todos eles a sabedoria, abrigando-Vos nesses corações, muitos deles endurecidos pela vaidade e pelo orgulho.

Jesus, mais uma vez, dai-nos a paz para que tenhamos condição de aprender as lições da noite. E que todos os encarnados aqui presentes sejam tocados pelas palavras do orador; que levem avante o alerta aos pais, aos educadores e, sobretudo, aos encarregados da Pátria do Cruzeiro.

Sede, Senhor, sempre presença entre nós, mesmo quando as nossas iniqüidades confeccionarem cruzes que Vos preguem sem piedade e Vos abram chagas doridas pelas nossas fraquezas. Com os braços abertos, dai-nos a certeza de que somos amparados, mesmo preferindo os Barrabases da Terra, virando-Vos as costas.

Vós acompanhais o nosso crescimento e a cada milímetro da nossa evolução estais sorrindo, agradecendo a Deus a grandeza das nossas lutas. Agradecidos, só podemos dizer-Vos: Bendito sede Vós, Jesus de Nazaré, que um dia dissestes: *Perdoa-lhes, Pai, eles não sabem o que fazem.*"

(*Um Jardim de Esperanças*, Cap. XXII)

# 27

## Prece pelos espíritas

"(...)Deve o espírita estar compenetrado de que a sua vida toda tem de ser um ato de amor e de devotamento; que, faça ele o que fizer para se opor às decisões do Senhor, estas se cumprirão.(...)"

*O Evangelho Segundo o Espiritismo*, Cap. V

“Oh, meu Deus! Dai aos obreiros da Doutrina Espírita a humildade, o amor e a paz, tornando-os dignos de pronunciar o Vosso nome e o de Jesus. Peço-Vos, Senhor, não os deixeis perdidos no caminho do fanatismo nem no da mentira. Dai a cada médium, a cada freqüentador de uma Casa Espírita o cajado da responsabilidade, porque somos todos capazes de gestos de bondade. Não os deixeis gritando “Barrabás!” nem lavando as mãos como Pilatos. Se alguns deles ainda possuírem na alma o ódio de Herodes, fazei, Senhor, com que a brisa do esclarecimento da Doutrina dê às suas almas uma nova concepção de vida doutrinária.

Senhor, fazei com que as Casas que se dizem espíritas não se preocupem tanto com os desencarnados, mas que a cada dia busquem secar as lágrimas dos que choram, levantem os caídos e curem as almas sofredoras.

Senhor, dai também ao meu Espírito a força e a luz suficientes para me tornar um digno trabalhador da Vossa seara, a fim de que eu possa abraçar a cada irmão com carinho e respeito e lhe oferecer o que tenho de mais sagrado: o grande amor provindo de Vós, meu Senhor amado.”

(*Dois Mundos tão Meus*, Cap. XXXI)

# 28

## PRECE PELOS FILHOS

"Desde pequenina, a criança manifesta os instintos bons ou maus que traz da sua existência anterior. A estudá-los devem os pais aplicar-se. Todos os males se originam do egoísmo e do orgulho. Espreitem, pois, os pais os menores indícios reveladores do gérmen de tais vícios e cuidem de combatê-los, sem esperar que lancem raízes profundas.(...)"

*O Evangelho Segundo o Espiritismo*, Cap. XIV

“Jesus, grande Amigo das crianças, ampara todos nós. Faze Senhor, com que nossos corações se abram para receber das Tuas Sacrossantas Mãos o remédio que desejamos para cicatrizar as feridas que se abrem em cada corpo, porque muitos ainda não Te conhecem.

Ajuda-nos no esquecimento das nossas necessidades, mas não permitas, Jesus, que deixemos alguém sofrer ao nosso lado por não encontrarmos meios de auxiliá-lo.

Senhor, precisaste de um lar para dar os primeiros passos neste Planeta e encontraste em Maria a força que Te sustentou nas horas das dores e das alegrias. Faze, Jesus, que todas as crianças encontrem no lar o apoio, o amor e a Tua presença. Que todas as mães de família se unam pela oração, esquecidas da vaidade e do ouro, mas, sim, conscientes de que, hoje, a juventude necessita de um amor imenso para se salvar.

Ajuda, Jesus, todos os pais a saírem da inércia. Que eles possam olhar ao redor e encontrar os filhos ainda puros necessitando de proteção para não resvalar no abismo da droga. E aqueles pais a quem a dor, o desespero e a tristeza fazem companhia diária, que sejam despertados para a oração. Perceberão, enfim, que nunca estão sozinhos, que toda a Espiritualidade luta pela paz das famílias.

Oh, Jesus, aqui tens as nossas mãos! Elas estão todas oferecidas a Ti. Faze com que elas sejam o amparo e o remédio para aqueles que, esquecidos das Tuas mãos, mutilados se encontram diante da dependência dos vícios.

Jesus, que cada Espírito se transforme em uma centelha de luz clareando todas as consciências. Assim seja”.

(*Ninguém está Sozinho*, Cap. VIII)

# 29

## PRECE PELOS NÚCLEOS DE AUXÍLIO AO PRÓXIMO

"Todos vós, que podeis produzir, dai; dai o vosso gênio, dai as vossas inspirações, dai o vosso coração, que Deus vos abençoará. Poetas, literatos, que só pela gente mundana sois lidos!... satisfazei-lhe aos lazeres, mas consagrai o produto de algumas de vossas obras a socorros aos desgraçados. Pintores, escultores, artistas de todos os gêneros!... venha também a vossa inteligência em auxílio dos vossos irmãos (...)."

*O Evangelho Segundo o Espiritismo*, Cap. XIII

"Senhor Deus, Criador do Céu e da terra, enfim, do Universo, perdoa aqueles que Te desconhecem e tem piedade dos que pronunciam o Teu nome em vão, pois mesmo chamando *Senhor, Senhor*, esquecem de partir em socorro dos que sofrem.

Quando criaste os Espíritos, não os fizeste para o sofrimento, mas os Teus filhos ignorantes vão em busca de caminhos tortuosos, onde encontram a dor por companhia.

Hoje, Senhor, paramos neste posto de auxílio aos Teus filhos que se comprometeram ao longo da caminhada. Pouco pudemos fazer por eles, mas sabemos que nossa oração pode operar maravilhas e é isso o que desejamos, que nossas preces possam servir de alento para estas mentes perturbadas, e que o calor das nossas vozes possa dar a estas almas sofridas a certeza de que Tu existes para segurar os que estão caindo e levantar os que já se encontram no chão.

Deus, tem piedade das autoridades que não saem dos seus locais de trabalho e passam os seus mandatos distantes da dor do seu povo, dos seus irmãos.

Senhor, neste momento, quando nos defrontamos com a dura realidade do sofrimento humano, pedimos que fortaleças os diretores das Casas de auxílio, fazendo com que encontrem um meio mais humano de tratar quem já sofre tanto com os remorsos.

Deus, Tuas leis são eternas, faze com que seja eterna em nós a vontade de ouvi-las e colocá-las em prática; que de toda a Terra possam surgir, como sementes em germinação, núcleos de auxílio ao próximo; que todos aqueles indiferentes, avaros, orgulhosos, pseudo-sábios, se convertam em irmãos em Cristo, indo em busca dos que sofrem, para ajudá-los a ser felizes, porque, Pai amado, sabemos que nos esperas, pacientemente, vestidos com a túnica nupcial para participar do banquete celeste, sentados uns à Tua direita, outros à Tua esquerda, mas todos nós, os Teus filhos, unidos por um só sentimento: o do amor. Saborearemos do manjar divino e beberemos do cálice da vida eterna, ao Teu lado e ao lado do Cristo, por toda a eternidade. Assim seja."

(*Universo de Amor*, Cap. XVI)

30

# Prece por um ente querido desencarnado

"Em vez de vos queixardes, regozijai-vos quando praz a Deus retirar deste vale de misérias um de seus filhos. Não será egoístico desejardes que ele aí continuasse para sofrer convosco? Ah! essa dor se concebe naquele que carece de fé e que vê na morte uma separação eterna.(...)"

*O Evangelho Segundo o Espiritismo*, Cap. V

"Pai amado, ouvi-me. Bem sabeis que esta vida é passageira e que na Terra estamos para evoluir. Ajudai-nos, dai-nos força para aceitar esta separação. Sabemos que jamais o esqueceremos. Um vazio se faz entre nós, pois parte um irmão, um filho, um amigo.

Perdoai nossa fraqueza e ajudai-nos a compreender a 'morte', que ela é necessária e que a alma é levada para a morada espiritual. Tirai dos nossos corações o vazio e colocai neles a certeza de que nos reencontraremos além da matéria.

Dai-nos esperança, fé e amor, e ao nosso irmão concedei a saúde espiritual e a paz."

(*Na Hora do Adeus*, Cap. VII)

# 31

# Prece por um suicida

"Jamais tem o homem o direito de dispor da sua vida, porquanto só a Deus cabe retirá-lo do cativeiro da Terra, quando o julgue oportuno. Todavia, a justiça divina pode abrandar-lhe os rigores, de acordo com as circunstâncias(...)."

*O Evangelho Segundo o Espiritismo*, Cap. XXVIII

"Senhor Jesus, por piedade, como acalmaste as ondas bravias do mar revolto, acalma este coração desesperado pelo suicídio. Como, Jesus, Te deixaste ser pregado em uma cruz infamante e não Te desesperaste, assim também não deixes este irmão se desesperar diante do sofrimento por que passa.

Pedimos-Te, Senhor, o equilíbrio, para que ele seja o alicerce da sua cura. Assim seja."

(*Universo de Amor*, Cap. II)

# 32

## PRECE PARA AS MÃES

"O mandamento: *Honrai a vosso pai e a vossa mãe* é um corolário da lei geral de caridade e de amor ao próximo, visto que não pode amar o seu próximo aquele que não ama a seu pai e a sua mãe(...)"

*O Evangelho Segundo o Espiritismo*, Cap. XIV

"Bendito és, meu Pai, por me teres ofertado uma mãe, mulher que deixou desabrochar em seu ventre o meu Espírito e me amparou em criança. Foi o guia dos meus dias, o anjo das minhas noites, a mãe das horas difíceis, a amiga dos momentos alegres, conciliadora nas minhas contendas, baluarte do meu caráter.

Mãe, pronuncio o teu nome, bem baixinho para os outros, mas para o meu coração uma sinfonia de amor. És também bendita, toda minha. Só tu, mãe, me conheces como sou e me amas mesmo assim. Flor do meu caminho, alicerce do meu lar, brisa da minha vida.

Mãe querida, que Deus te abençoe, és meu anjo protetor."

(*Deixe-me Viver*, Cap. I)

## Obras do Espírito Luiz Sérgio

*O mundo que eu encontrei* – Psicografado por Alaíde de Assunção e Silva
*Novas Mensagens* – Psicografado por Alaíde de Assunção e Silva
*Intercâmbio* – Psicografado por Alaíde de A. e Silva e Lúcia M. S. Pinto
*Na esperança de uma nova vida* – Psicografado por Irene Pacheco Machado
*Ninguém está sozinho* – Psicografado por Irene Pacheco Machado
*Os miosótis voltam a florir* – Psicografado por Irene Pacheco Machado
*O vôo mais alto* – Psicografado por Irene Pacheco Machado
*Um jardim de esperanças* – Psicografado por Irene Pacheco Machado
*Mãos estendidas* – Psicografado por Irene Pacheco Machado
*Consciência* – Psicografado por Irene Pacheco Machado
*Chama eterna* – Psicografado por Irene Pacheco Machado
*Lírios colhidos* – Psicografado por Irene Pacheco Machado
*Driblando a dor* – Psicografado por Irene Pacheco Machado
*Deixe-me viver* – Psicografado por Irene Pacheco Machado
*Dois mundos tão meus* – Psicografado por Irene Pacheco Machado
*Cascata de luz* – Psicografado por Irene Pacheco Machado
*Na hora do adeus* – Psicografado por Irene Pacheco Machado
*Universo de amor* – Psicografado por Irene Pacheco Machado
*Amigo e Mestre* – Psicografado por Irene Pacheco Machado
*Ensina-me a falar de amor* – Psicografado por Irene Pacheco Machado
*Mais além do meu olhar* – Psicografado por Irene Pacheco Machado
*Eu Te busco* – Psicografado por Irene Pacheco Machado
*Cabana de Sonhos* – Psicografado por Irene Pacheco Machado
*Rios de Oração* – Preces de Luiz Sérgio – Psicografado por Irene P. Machado

## Obras de autores diversos psicografadas por IRENE PACHECO MACHADO

*Reflexões de Jacó* – Pelo Espírito Jacó
*Nós amamos você* – Por Espíritos diversos
*Reflexões de Jacó II* – Pelo Espírito Jacó
*Alicerce da Fé* – Pelos Espíritos Lázaro José e João Batista
*Sonhos & Realidades* – Pelo Espírito Jacó
*Uma rosa em meu caminho* – Pelo Espírito Rosália
*Corações amigos* – Por Espíritos diversos
*Cântico de paz* – Pelo Espírito Jacó
*As flores também choram* – Pelo Espírito Jacó
*O Gênesis* – Pelo Esp. Cecília (Série *A Bíblia na Linguagem Espírita* — V. 1)
*Êxodo* – Pelo Esp. Cecília (Série *A Bíblia na Linguagem Espírita* — V. 2)
*Levítico* – Pelo Esp. Cecília (Série *A Bíblia na Linguagem Espírita* — V. 3)

*Números* – Pelo Esp. Cecília (Série *A Bíblia na Linguagem Espírita* — V. 4)
*Deuteronômio* – Pelo Esp. Cecília (Série *A Bíblia na Linguagem Espírita* — V. 5)
*Josué, Juízes, Rute* – Pelo Esp. Cecília (Série *A Bíblia na Ling. Espírita* — Vol. 6)
*Livro de Samuel* – Pelo Esp. Cecília (Série *A Bíblia na Ling. Espírita* — Vol. 7)
*Reis, Crônicas* – Pelo Esp. Cecília (Série *A Bíblia na Ling. Espírita* — Vol. 8)
*Esdras, Neemias* – Pelo Esp. Cecília (Série *A Bíblia na Ling. Espírita* — Vol. 9)
*Tobias* – Pelo Esp. Cecília (Série *A Bíblia na Linguagem Espírita* — Vol. 10)
*Judite, Ester* – Pelo Esp. Cecília (Série *A Bíblia na Linguagem Espírita* — Vol. 11)
*Macabeus* – Pelo Esp. Cecília (Série *A Bíblia na Linguagem Espírita* — Vol. 12)
*Livro de Jó* – Pelo Esp. Cecília (Série *A Bíblia na Linguagem Espírita* — Vol. 13)
*Maria* – Pelo Espírito Francisca Theresa
*Por Que Pequei* – Pelo Espírito Francisca Theresa

**Obras de autores diversos**

*O Barco de Maria* — Mauricio Maia Soutinho
*Conquista do Reino* — João J. Moutinho
*A Longa Estrada* — Mauricio Maia Soutinho e Jab Sousa Silveira

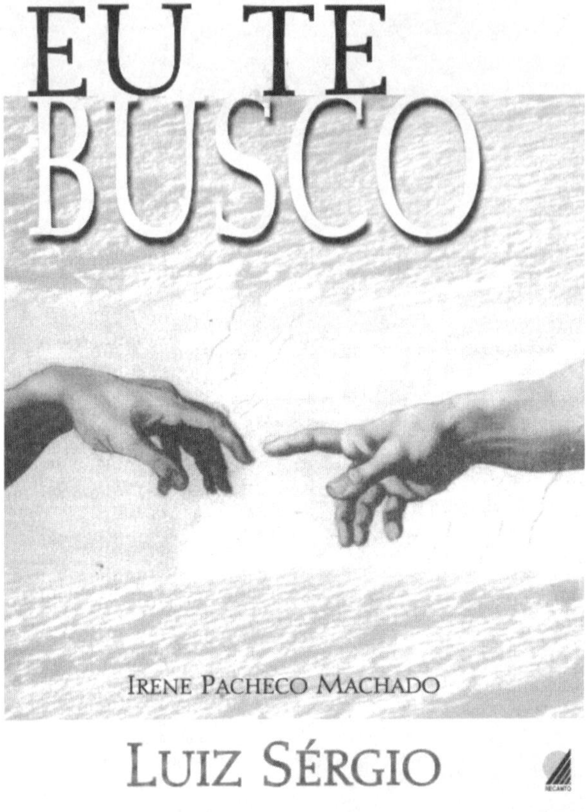


Nesta obra, Luiz Sérgio visita a Cidade das Crianças, núcleo espiritual destinado a receber crianças, adolescentes e jovens desencarnados, local em que continuam os estudos interrompidos na Crosta, além de desfrutar de imensas possibilidades de educação e entretenimento. Além de abordar o tenebroso mundo da droga, este livro fala também de desencarnação, conduta espírita e muitos outros assuntos.

Volume 6 da Série *A Bíblia na Linguagem Espírita*, esta obra apresenta os livros de Josué, Juízes e Rute, explicados sob a ótica espírita: a conquista de Canaã, o surgimento da monarquia, os juízes, a história de Sansão, o poema de Noemi e Rute. Nele, encontramos fatos espíritas em cada página, para compreender que Deus, em Sua justiça e bondade, jamais deixou desamparados Seus filhos.

IRENE PACHECO MACHADO
MAIS ALÉM
DO MEU OLHAR
LUIZ SÉRGIO

Esta obra de Luiz Sérgio relata cada versículo do Sermão da Montanha, o código moral da Humanidade, e tem como objetivo mostrar ao leitor espírita a fidelidade do Cristo ao Antigo Testamento, quando, no Sermão do Monte, disse aos escribas e fariseus: *não vim destuir a lei e os profetas, mas dar-lhes cumprimento* (*Mateus*, Cap. 5, v. 17).